鄂豫皖边三年游击战争研究

龙心刚 著

E Yu Wan Bian
Sannian Youji Zhanzheng Yanjiu

人民出版社

目　　录

绪　　论

一、学术史回顾与分析

鄂豫皖边三年游击战争,是鄂豫皖根据地斗争史的重要组成部分,是南方三年游击战争中牵制敌人最多、游击区域最广、保存力量最大的游击区,在中国革命史上占有重要的地位和作用。早在 20 世纪 50 年代,郑位三就提到"南方十几个苏区,最后以鄂豫皖成绩最大"①。中华人民共和国成立 70 多年以来,国内外学术界对于鄂豫皖边三年游击战争史进行了较为系统研究,取得了一批扎实的研究成果。具体而言,可以分为两个阶段:

(一)新中国成立至改革开放前为资料整理和收集阶段

新中国成立后,鄂豫皖三省党史工作者在收集鄂豫皖苏区历史资料过程中,积累了大量的访谈资料、回忆录和调查统计数据。访谈资料、回忆录既包括对徐向前、倪志亮、郭述申、郑位三、戴季英、徐立清等红四方面军和红 25 军领导人的访谈,也有对亲历三年游击战争的何耀榜、黄宏儒、郑维孝、汪立波、杨子明、钱运华、徐锡煌等人的访谈记录。这其中尤其值得关注的有何耀榜口

① 《郑位三同志谈话记录(第五次)》,1959 年 4 月 7 日于汉口德明饭店,湖北省档案馆:SZA—2997。

述的《大别山上红旗飘——回忆鄂豫皖三年游击战争》(中国青年出版社 1959
年版),这是国内第一本全景式描述鄂豫皖边三年游击战争时期的地方武装
及便衣队的回忆资料,虽然该书为加强可读性,采用了当时通行的文学化写作
语言,但作为担任过三年游击战争时期皖鄂特委书记、红 28 军 82 师师长、鄂
豫皖边游击区共产党谈判代表等重要职务的何耀榜,亲历了当时皖西地方党
政组织和武装力量的建设,以及全程参与了与国民党谈判的整个过程,这种特
殊经历使该书具有较高的史料价值和参考意义。值得重视的还有担任过中共
鄂豫皖省委秘书长、鄂东北道委书记郑位三的访谈录,从 1958 年到 1961 年,
湖北地方史调查组先后在北京和武汉对郑位三进行七次访谈,涵盖了从鄂豫
皖边革命的兴起到三年游击战争结束的全部过程,作为鄂豫皖边革命重要开
拓者,郑位三的思考与总结相当精辟和深入,提出的许多观点,如知识分子和
地主富农子弟在革命动员中所起的重要作用、革命的地方性、党的领导方式等
问题甚至得到了当今学术界的回应和研究支撑①,这其中第五、第六次访谈专
门谈及三年游击战争,虽然郑位三没有亲历三年游击战争,但他所谈到对高敬
亭的认识、"四位一体"的政策、便衣队等情况不仅具有较高的史料价值,而且
所提出的观点具有很强的启发性。此外,由鄂豫皖三省各地方党史办编写的
革命史资料,如《鄂豫皖老根据地访问录编》《红安县党史简编》《麻城革命史
调查》《大悟县革命史简编》等,因进行了实地调查访谈也具有较高的史料价
值。需要注意的是,这些资料关于参加革命的人数、武装力量等数据大都是以
最高峰为统计依据的。但总体来讲,这一时期由于受鄂豫皖边三年游击战争
的领导人高敬亭被错杀事件还没有平反等因素的影响,鄂豫皖边三年游击战
争的研究探讨并没有有效展开。

---

① 多篇硕博士文参考引用了这些观点,并用大量的史实进行了佐证。如黄文治:《鄂豫皖
苏区道路:一个民众动员的实践研究(1920—1932)》,上海师范大学博士学位论文,2011 年;邹
荣:《鄂豫皖苏区文化动员与意识形态建构(1920—1937)》,武汉大学博士学位论文,2013 年,等。

（二）改革开放以来为系统研究阶段

随着中央对高敬亭同志的平反和实事求是思想路线的恢复,以及1937年12月13日《中共中央书记处对于南方各游击区决议》的公开发布,包括鄂豫皖边在内的南方三年游击战争的地位和作用得到了重新肯定,从而推动了鄂豫皖边三年游击战争史的研究。这一时期最为重要的成果主要有:

1.1982年由红28军战史编辑委员会编撰的《中国工农红军第二十八军坚持鄂豫皖边区三年游击战争史（初稿）》（下文简称《战史》）及《中国工农红军第二十八军坚持鄂豫皖边区三年游击战争史资料选编》（下文简称《资料选编》）

《战史》主要以三年游击战争时期红28军的战斗历程为线索,分为重建红28军,粉碎敌三个月清剿;转战鄂豫皖边区,英勇坚持游击战争;分散活动,深入敌后,粉碎敌人清剿;顽强战斗,粉碎敌人新的清剿;岳西青天畈停战谈判,黄安七里坪集中整编等共五章十四节。在结束语部分还从五个方面总结了红28军在敌后坚持斗争的主要经验:一是在党的集中统一领导和地方武装的支撑、配合下,形成主力部队、地方部队、便衣队三结合的人民游击战争;二是在敌后进行反清剿的游击战,必须坚持保存自己,待机破敌的原则,充分发挥游击战灵活机动,避实击虚,奇袭速决的特点;三是以便衣队为基本力量,发动与组织群众,分化瓦解敌人,把敌人的后方变我之游击根据地或立足点;四是坚持党对军队的绝对领导,充分发挥政治工作的威力;五是鄂豫皖边区人民全力支援革命战争,保证了革命战争的胜利。此外,该书在结尾部分还特别对高敬亭进行了评价,在充分肯定高敬亭是鄂豫皖边区三年游击战争主要组织者和领导者的基础上,也指出高敬亭的主要错误是继续执行了张国焘错误的肃反路线,错杀了一些好同志,影响了党内、军内的民主,影响了红28军取得更大的胜利。附录部分,还收录了红 28 军的序列发展变化表、战例选编、大事记和烈士英名录。其中战例选编部分选取了 13 个有代表性的战例,分别介绍了各个战例的战前基本情况和战斗部署,描述了战斗过程,总结了战斗胜利的基本原因。

《资料选编》分为四个部分。第一部分收录了两份档案,一份是 1935 年 8 月 4 日皖西北特委关于鄂豫皖、皖西北军事、组织、干部等状况的报告;另一份是 1937 年 9 月 9 日高敬亭、何耀榜写给中央的关于鄂豫皖边区情况的简报。由于红 28 军长期流动作战,留下的文字档案资料非常少,这两份档案资料显得非常珍贵,具有重要的史料价值。第二部分主要收录了五份专题材料,分别是关于三年游击战争时期鄂豫皖边区的地方党组织、地方武装和便衣队的基本情况,以及红 28 军的政治工作和后勤工作,这些专题材料是编委会在对当年参与斗争的老同志的采访记录的基础上整理而成。第三部分记录了 30 多次战斗的基本情况,编委会除了采访参与战斗的老同志外,还专程到现地进行了核实。第四部分主要搜集了当年同红 28 军作战的国民党军队的部分战报、国民党政府的有关报告和报刊资料。

《战史》及《资料选编》是在中央军委战史委员会领导下,由当时的武汉军区具体组织实施,该书编委会采访并征求了许多原红 28 军的老同志的意见,先后到 40 个县调查核实了 80 多次战斗的时间、地点和简要经过,还搜集了大量国民党军的档案和报刊资料,正是由于其组织的权威性、资料的丰富性和编撰的严肃性,确保了该书史实记述的系统性和准确性,为鄂豫皖边区三年游击战争特别是为红 28 军的历史研究作了开拓性和奠基性工作。目前该书并没有正式出版,藏于军事科学院图书馆,但其主要内容曾于 1985 年在中国人民解放军党史资料征集委员会办公室编撰的《军史资料》第 1 期至第 5 期连续刊发。

2.1983 年由谭克绳、欧阳植梁主编的《鄂豫皖苏区历史简编》①
（以下简称《历史简编》）

《历史简编》一书将鄂豫皖边三年游击战争纳入整个鄂豫皖苏区历史进程中展开研究。该书共分五章,其中第五章专题阐述鄂豫皖三年游击战争,以游击战争的发展为主线,分为坚持革命斗争、深入开展游击战争、迎接抗日新战斗等三个阶段。该书虽然仍以主要篇幅描述红 28 军的战斗历程,但同时也对地方党组织、游击队和便衣队等地方武装的斗争情况进行了阐述。该书的重要贡献在于首次以游击战争为主线,把鄂豫皖边三年游击战争分为三个阶段,脉络清晰、框架合理,论述也较为全面,确立了此后研究论述三年游击战争的基本框架和体例。

该书于 1983 年由湖北人民出版社出版,其修订版于 1987 年由解放军出版社出版。修订后的版本将全书分为三编,其中把红四方面军转移后红 25 军和红 28 军的历史专辟一编,即第三编鄂豫皖边区人民为坚持根据地而斗争（1932.11—1938.2）。其中分两章阐述三年游击战争的历史,主要围绕两条线索:一是鄂东北地区的游击战争,大致内容有鄂东北道委改组、游击战争的广泛开展、游击战争的新局面;二是红 28 军斗争史,包括红 28 军重建、反清剿斗争,机动灵活打击敌人,广泛开展敌后游击战争等内容。除此之外,对皖西特委与皖西北特委的建立、便衣队的基本状况、国共谈判改编等内容均有涉及。仅就三年游击战争而言,修订后的版本内容更为丰富,稍显不足的是主线反不如前版清晰。

3.中国人民解放军历史资料编审委员会主编的《南方三年游击战争·鄂豫皖边游击区》

1992 年中国人民解放军历史资料丛书推出了《南方三年游击战争·鄂豫

_____

① 参见谭克绳、欧阳植梁主编:《鄂豫皖苏区历史简编》,湖北人民出版社 1983 年版。

皖边游击区》分册,该书概述部分紧紧围绕游击战争这个主题展开,既划分了游击战争的发展阶段,也系统阐述了游击战争的战略战术,层次清晰、主题集中。特别值得一提的是,还专门对各个阶段游击战争情况进行了简要评价。史论结合比较好,受篇幅限制,全文仅 2 万余字,内容阐述相对简略。1997年,阎景堂主编的《南方三年游击战争史》一书,其中第十四章专门对鄂豫皖边游击区进行了阐述,其体例仍是沿用了《南方三年游击战争·鄂豫皖边游击区》中的概述部分,并将内容扩充至 4 万余字。

除了概述外,该书还收录了从 1934 年 11 月至 1938 年初关于鄂豫皖边区情况的 17 份报告、函电等档案材料,其中以涉及国共谈判、改编的指示居多,另收录了一份关于鄂豫皖边区便衣队的一些基本情况的资料,是 1944 年在中共延安党校根据戴道奎、陈祥、肖良清、朱国栋、李长如、杨志宏、姚天成、余启龙、江腾蛟等人座谈记录整理而成的。此外,还收录了 27 篇回忆史料、大事记、表册以及国民党方面有关档案、报刊资料。可以说,这是迄今关于鄂豫皖边三年游击战争史料收集与整理最为系统和完善的资料书,为深化拓展鄂豫皖边三年游击战争的研究做了大量基础性和关键性的工作。

4. 由中共河南省委党史研究室与安徽省委党史研究室合编的《鄂豫皖革命根据地史》

该书由安徽人民出版社 1998 年出版,把三年游击战争作为鄂豫皖革命根据地发展历史的四个阶段之一,相比以往的著作,地位更加凸显,着墨也更多。该书以游击战争的开展和游击根据地的开辟为线索分四章来阐述鄂豫皖边的三年游击战争,其中将便衣运动的蓬勃发展单独成章列为第三部分,与以往纯粹以时间为线索的编写方式不同,这种将纪事体与专题研究相结合的体例安排,新意陡现,同时也有助于深化对便衣队这一鄂豫皖边三年游击战争中具有独创性组织的研究认识,但由于仅列了一个专题,且将其放置于叙事的中间,虽然这其中有受篇幅限制以及整本书体例安排的综合考量,仍稍显突兀。

除了著作外,还出现了大量的研究论文,其中尤以 2011 年 9 月中央党史研究室和安徽省委党史研究室等单位共同主办了"鄂豫皖三年游击战·红色岳西"学术研讨会为契机,全国有 40 余篇论文入选,内容涉及鄂豫皖边三年游击战争的地位作用、历史经验、斗争历程、历史特点、党的建设、军队建设、统一战线、武装斗争、游击根据地建设、廉政建设、红色文化资源开发等各个方面,是对鄂豫皖边游击区研究的一次全面推进。此外,域外学者对鄂豫皖革命根据地研究开展较早,成果不少,但研究下限一般以 1932 年红四方面军转战川陕或 1934 年红 25 军北上长征为止。

总体而言,鄂豫皖边三年游击战争史的研究,在资料收集和研究的系统性方面,取得了一些较为扎实的成果,为本课题的研究提供了很好的基础。但也要看到,目前的研究仍存在着一些薄弱环节:一是研究视野还不够开阔,大体而言:对主力红军红 28 军的研究考察居多,对鄂东北独立团、各路游击师等地方武装的研究关注不够,特别是主力红军与地方武装之间的配合、流动与调适的研究成果较为罕见;对战役战斗过程、战略战术原则等的阐述分析较多,对武装力量自身的组织架构、政工后勤、兵员补充等内在机制的研究关注不够;对军事问题的研究成果可谓丰硕,但对游击状态下的社会经济状态、党的领导与建设、政党与民众的互动关系等问题的研究关注不够。二是研究方法较为单一,目前研究主要立足于全景式描述三年游击战争的发展过程,基本上没有回应 21 世纪以来"以社会史为基础"的"新革命史"研究范式的诉求①,较少关注诸如在丧失根据地情况下,党和军队如何发动群众,群众又是如何回应等

---

① "新革命史"的观念一直方兴未艾。关于"新革命史"的研究,李金铮倡导最力,可参阅其系列论文。李金铮:《向"新革命史"转型:中共革命史研究方法的反思与突破》,《中共党史研究》2010 年第 10 期;《"新革命史":由来、理念及实践》,《江海学刊》2018 年第 2 期;《关于"新革命史"概念的再辨析》,《中共党史研究》2019 年第 4 期等,以及黄文治:《观念变动与新革命史研究价值取向》,《开放时代》2010 年第 8 期;王奇生:《高山滚石:20 世纪中国革命的连续和递进》,《华中师范大学学报》2013 年第 5 期;应星:《"把革命带回来":社会学新视野的拓展》,《社会》2016 年第 4 期;李里峰:《何谓"新革命史":学术回顾与概念分疏》,《中共党史研究》2019 年第 11 期等论文。

游击战争生成机制的研究。

此外还要看到,上述提到的重要研究论著大都是在 2000 年以前。21 世纪以来,关注鄂豫皖边区的研究论著虽然不少,仅以"鄂豫皖"为篇名的硕博士论文就有 20 余篇,其中博士论文有 3 篇,涵盖政治、经济、军事、文化等各个层面,但时间下限一般都是在 1932 年或 1934 年,没有一篇是关于鄂豫皖边三年游击战争的专题硕博士学位论文。而且与近年来江西、福建等省份关于三年游击战争史的研究蓬勃开展相比,如早在 2009 年刘勉钰就推出了 40 余万字的《江西三年游击战争史》,鄂豫皖边游击战争的研究相对滞后,是一个明显的研究凹地。以笔者所见,目前关于鄂豫皖边三年游击战争史的论著,一般是作为鄂豫皖苏区史或南方三年游击战争史的一部分,单独以"鄂豫皖边三年游击战争"为专题的研究专著还未注意到,这显然与鄂豫皖边三年游击战争在整个南方三年游击战争的地位作用是不相称的。

二、研究的总体思路、基本框架及意义

（一）研究的总体思路

1. 放宽历史的视野,拓展鄂豫皖边三年游击战争的研究范畴

三年游击战争不仅仅指一个历史事件或战争本身,主要指代的还是中国共产党领导革命过程中的一个历史阶段或历史时期,毫无疑问战争与军事是这个时期的主题主线,但显然并非全部。因此,本书在以游击战争的军事问题为研究主线的基础上,重点关注了这一时期党的建设、统一战线、民众动员等过去研究不深入的问题,在继续强化对主力红军研究基础上,也加重对地方游击队、便衣队的研究,在着力描述战争过程的基础上,也更多地关注武装力量的军政训练、组织机制、宣传后勤等自身建设。

2. 采用"新革命史"的视角,融汇军事史与社会史的研究方法

近年来在王奇生、李金铮、何友良、黄道炫等学者的大力倡导下,"新革命史"的观念一直方兴未艾,成为学界研究探讨的热点话题。虽然目前关于"新革命史"的概念本身并没有完全取得共识,但比较一致的看法是,在革命史研究中要采取多元研究方法,特别是要注意借鉴吸收社会史的研究方法,眼光要"向下""向内"。既要注重精英上层研究,也要多关注普通民众、基层组织;既要注重宏大叙事、重大主题,也要更加关注微观机理、运作实践。本书在研究过程中,采用"新革命史"的研究视角,综合运用政治史、军事史、社会史等多元研究方法,比如在研究鄂豫皖边革命为什么会兴起时,除了分析传统的社会经济因素之外,还从地理条件、组织动员、社会心理等角度多方面揭示其原因,这有助于理解为什么鄂豫皖边的革命红旗能够始终坚持不倒;在研究鄂豫皖边三年游击战争党的领导和建设专题时,本书没有采用传统的从思想、组织、纪律、制度等方面进行条块分割式的研究路径,而是更加关注在游击状态下党的组织是怎样建立起来,在组织机构不健全的情况下党的领导方式又是如何运作等问题,这可以更加凸显在艰苦复杂斗争局面中坚持和实现党的领导的艰辛与不易;在研究鄂豫皖边三年游击战争武装力量建设专题时,本书在分析主力红军、游击队和便衣队各自的发展沿革、主要战斗的基础上,重点根据军事化水平的差异及与农业社会联系的程度,把三者纳入一个逐级递进的军事化结构体系之中,并从兵员补充、后勤保障、作战协同等三个方面分析三者之间的内在配合互动与运作调适等,将军事与社会、战争与民众之间互动关系纳入研究范畴。

3. 创新体例,采用纪事与专题研究相结合的体例

目前关于鄂豫皖边三年游击战争研究,重要的成果主要有《中国工农红军第二十八军坚持鄂豫皖边区三年游击战争史(初稿)》,谭克绳、欧阳植梁等

主编的《鄂豫皖苏区历史简编》，中国人民解放军历史资料编审委员会主编的《南方三年游击战争·鄂豫皖边游击区》，阎景堂主编的《南方三年游击战争史》，由中共河南省委党史研究室与安徽省委党史研究室合编的《鄂豫皖革命根据地史》，等等。这些成果的研究体例大都是采用纪事本末体(仅《鄂豫皖革命根据地史》一书列了一个便衣队专题)，主要是以游击战争或主力红军为主线划分阶段、展开论述，有些最后会有一个基本经验和特点的总结，这种体例的优势在于主题鲜明、线索清晰，不足在于研究难以全面深入。因此，本书采取纪事与专题相结合的研究体例，前四章包括鄂豫皖边革命的兴起与挫折、鄂豫皖边游击战争的初步展开、鄂豫皖边游击战争的深入发展、鄂豫皖边游击战争的胜利结束等，主要运用纪事本末体，以游击战争的兴起、展开、发展、转型为主要线索，梳理鄂豫皖边三年游击战争的发展历程，后三章包括鄂豫皖边三年游击战争党的领导与建设、武装力量建设、统一战线等，主要采取专题研究的方式，着重从党的领导、武装斗争和统一战线等对游击战争有重大影响的体制机制、政策举措和组织力量等问题展开深入研究。这种纪事与专题相结合的研究体例，既能克服纪事研究不够深入的问题，也能解决专题研究不够系统的问题，可以比较全面系统深入地强化鄂豫皖边三年游击战争的研究。

此外，在资料收集整理方面，笔者曾赴湖北、河南、安徽省档案馆和南京第二历史档案馆、军事科学院，以及麻城、红安县等地方党史办，查阅与鄂豫皖边三年游击战争相关的档案资料，实地调研战役战斗发生的旧址，并以时间和专题两条线对这些资料进行甄别、辨识和归类。目前收集到比较重要的档案汇编、报刊资料、口述回忆录等主要有：《中国工农红军第二十八军坚持鄂豫皖边区三年游击战争史资料汇编》《南方三年游击战争·鄂豫皖边游击区》《中国工农红军第四方面军战史资料选编》《中国工农红军第二十五军战史资料选编》《鄂豫皖革命根据地》《中华民国史档案资料汇编(第五辑第一编)》《鄂豫皖苏革命历史文件汇集》《鄂豫皖苏区革命斗争史资料汇编》《湖北革命历史文件汇编》《三年游击战争时期党史资料汇编》《大别山上红旗飘——回忆鄂豫皖三年游击战争》《敌后三年》《皖西革命回忆录》《回忆鄂豫皖边区的革命斗争》《新四军·文献》，各类调查资料、访谈回忆录等，以及《申报》《中央日报》《大公报》等报刊的相关报道，等等。从目前的资料来看，原始档案资料偏少，访谈回忆录及调查资料较多；档案资料又以国民党"清剿"资料居多，共产党和红28军的档案资料极少。其原因一方面是在游击战争状态下客观上造成很难保有档案资料，另一方面由于鄂豫皖边区与中共中央及上级完全联系不上，中共中央基本上没有直接发过指示文电等档案资料，还一个重要的原因，如郑位三所讲的当时留在边区的领导层中已经没有知识分子，高敬亭决策时大都是"心问口，口问心"，布置工作也是直接到各地巡视，基本没有留下文字材料。目前能够查到的以高敬亭的名义撰写的档案材料只有两件，一件是1935年7月16日通过皖西北特委向中央转交的一份仅400余字关于鄂豫皖斗争情况的报告，一件是1937年9月9月与何耀榜一起向中央反映鄂豫皖边区情况的报告。可以说，档案资料的缺乏，是鄂豫皖边三年游击战争的研究远远落后于其他游击区的最主要因素。在这一现状很难改变的情况下，本书将档案资料与报刊、回忆录、调访资料综合运用，特别注重与国民党方面留下许多"清剿"档案资料进行比对印证，尽可能减少原始档案资料不足带来的不利影响。

（二）研究的基本框架与主要内容

本书的研究范围是从1934年11月红25军根据中央指示离开鄂豫皖苏区进行长征，至1938年初游击区改编为新四军第四支队期间，留在鄂豫皖边的中共党组织领导边区军民所进行的艰苦卓绝的三年游击战争的历史。本书总共分为八章，前四章重点梳理鄂豫皖边三年游击战争的发展历程，后四章着力研究党的领导与建设、武装斗争建设、统一战线、基本经验等四个专题。

第一章鄂豫皖边革命的兴起与挫折（1927年—1934年）。本章重点分析了鄂豫皖边革命是如何兴起，党是如何把群众发动起来的，除了考察传统的政治经济因素外,还重点分析地理及社会心理因素,特别是从"本地人革命"的角度,分析了革命知识分子在其中所做的艰苦组织和动员工作,重点回答了郑位三所提出的"为什么湖北革命会在黄麻地区兴起"的原因。此外,本章还分析鄂豫皖苏区如何克服地方主义,实现党的统一领导的艰难过程,及阐述了此后发展壮大及遭受挫折的历程。从时间范畴来讲,本章虽然不是鄂豫皖边三年游击战争的主体内容,但本章的研究不仅是研究鄂豫皖边三年游击战争必要的背景性铺垫,也是从源头上回答为什么鄂豫皖边游击战争在极端复杂困难条件下能够坚持和发展的重要原因。

第二章鄂豫皖边游击战争的初步展开(1934年11月—1935年6月)。本章主要阐述了1934年11月红25军战略转移后,针对鄂豫皖边区所面临的严峻形势,根据中共鄂豫皖省委的指示精神,鄂东北道委率先重组领导机构和独立团,开始坚持游击战争,从而揭开了三年游击战争的序幕,及此后高敬亭在凉亭坳重建红28军,正式统一领导边区军区开展游击战争,再到1935年6月经历往返平汉路、重返大别山坚持斗争的过程。之所以把初步展开阶段截止于1935年6月高敬亭率红28军重返大别山,主要考虑高敬亭率部经历往返平汉铁路、跨越10余县、行程700余公里的游击作战,不仅初步积累了游击战争的经验,更主要的是从此坚定了坚持鄂豫皖边游击战争的信心和决心,标志着鄂豫皖边游击战争有了一个统一而坚强的党的领导和指挥机构,这是游击战争能不能坚持和发展的基本前提和根本保证。

第三章鄂豫皖边游击战争的深入发展(1935年7月—1937年4月)。本章主要阐述从1935年7月店前河会议确立的"四打四不打"游击战争战略战术原则,到1937年4月准备第四次反"清剿"斗争前夕的历史过程。在这个阶段,鄂豫皖边的游击战争经历由集中兵力向分散游击、从山地向平原、由内线到外线的转变过程,确立了较为系统的游击作战指导方针和灵活机动的战略战术原则,形成了集中与分散相结合、内线与外线相配合、山地与平原于一体的广泛的群众性游击战争态势,这是鄂豫皖边三年游击战争发展成熟的阶段。

　　第四章鄂豫皖边游击战争的胜利结束(1937年4月—1938年3月)。本章主要阐述鄂豫皖边区如何克服重重困难,付出重大牺牲,艰难挫败了国民党新一轮的"三个月秘密清剿",并抓住全民族抗日救亡运动高涨这一形势的新变化,果断与国民党进行谈判,经过斗智斗勇,坚持原则性与灵活性相结合,最终达成了停战协定,奔赴抗日新战场的过程。鄂豫皖边游击区是南方各省游击区中较早实现与国民党军停战谈判且成功的案例,本章重点分析高敬亭等鄂豫皖边游击区领导人在青天畈停战谈判过程中,如何把原则性与灵活性相结合,既实现了国共合作团结抗日,又坚持了独立自主原则,从而实现了由国内革命战争向全民族抗日战争的战略转变,胜利结束鄂豫皖边三年游击战争。

　　第五章鄂豫皖边三年游击战争党的领导与建设。党坚强有力的领导是鄂豫皖边游击战争取得胜利的根本保证。与原中央苏区的根据地大都变成相互隔离、各自领导的小块游击区不同,鄂豫皖边的党组织在三年游击战争时期基本实现了对整个游击区的统一领导。本章重点从恢复和建立党的各级组织、加强和改善党的领导方式、坚持党对军队的绝对领导等三方面,来阐述边区党的组织和领导机制是如何建立和运转的,特别是在与中共中央和上级都失去联系的情况下,边区党组织是如何加强自身建设、独立自主地准确把握斗争原则和政策方向,统一领导边区军民开展武装斗争。

　　第六章鄂豫皖边三年游击战争武装力量建设。鄂豫皖边游击区是南方15个游击区中唯一有军级主力部队即红28军,同时又有鄂东北独立团等地方游击队组织,以及便衣队等群众性武装,从而仍然保持三结合武装力量体制的区域。这种游击状态下的三结合武装力量体制是怎么建立起来的,它与之前的三结合体制有什么不同,特别是主力红军、游击队、便衣队三者之间是如何配合互动及运作调适等都是本章着力回答的问题。本章采取静态分析与动态观察相结合的方式,重点从逐级递进的军事化结构和相互配合的武装力量体系两个角度,分析便衣队、游击队、主力红军各自发展及编制规模、武器装备、军政训练等军事化水平,以及与农业社会的联系程度,从兵员补充、后勤供给、作战协同等三方面描述之间的流动机制。

第七章鄂豫皖边三年游击战争统一战线工作。统一战线是中国革命取得胜利的重要法宝。在革命战争时期,中国共产党统一战线的重点和核心是要组织动员农民群众参加革命,形成基本的骨干力量,本章首先从军队"政治部—民运小组(或宣传队)—基层群众"和地方"党组织—便衣队—农民小组"等两条组织链路来分析边区党组织是如何在秘密状态把农民群众发动起来的。鄂豫皖边的统一战线工作更具创造性的是,在没有中央指示的情况下,能够在实践中主动放弃"左"倾错误,塑造形成了农村基层的"两面政权",把"打粮"改为"征粮",争取包括乡保人员及地主士绅、民团头目等在内的一切可以争取的力量,形成了最广泛的统一战线联盟,从而为极端困难下的生存发展创造了条件。本章另一个核心内容就是农村中的"两面政权"是如何建立起来的,以及如何维持及其效果。

第八章鄂豫皖边三年游击战争的基本经验。本章主要从党的领导、武装力量、战略战术、群众根基、统一战线、革命精神等六个方面对鄂豫皖边游击战争取得胜利的原因和基本经验进行了概括提炼,实际上也是对全书的一个基本总结。在结构处理方面,由于前五个方面在书中其他地方都有不同程度的阐述,因此在作为基本经验归纳时进行了简洁处理,重点对第六个方面革命精神进行了集中系统阐述。习近平总书记在 2019 年河南考察时,明确提出"大别山精神",2021 年中共中央公布的中国共产党人精神谱系的伟大精神也包括"大别山精神"。考虑到鄂豫皖边三年游击战争时期是"28 年大别山革命红旗不倒"的重要组成部分,特别是作为承上启下、革命环境最险恶、生活条件最艰苦、形势变化最复杂的阶段,笔者从价值立场、使命担当、宗旨本色、意志品质等四个方面来概括边区各级党组织和广大军民在长期斗争中铸就的革命精神,展现的精神风貌。

（三）研究的价值与社会效益

学术价值：本书在系统梳理鄂豫皖边三年游击战争战斗历程的基础上，重点研究以往关注较少的游击区武装力量建设、游击战的战略战术、党的军事动员机制和统一战线政策等，以推动鄂豫皖边三年游击战争的深入研究和正确评价其在中国革命史上的地位。同时南方三年游击战争是联结苏区史和抗日根据地史的纽带，本书对鄂豫皖边区"两面政权"、武装便衣队的形成及运作机制等问题的研究，也有助于深化理解抗日战争时期党在农村游击战争中的动员策略，厘清其政策制度演变的历史逻辑。

应用价值：鄂豫皖边三年游击战争所体现出来的独特革命精神和留下的历史遗存，是大别山红色文化资源和伟大中国革命精神的重要组成部分，永远激励中国人民为实现中国梦强军梦而不懈奋斗，对于培育社会主义核心价值观、"四有"新时代革命军人，具有重要的现实意义。本书的许多素材已经运用到红色资源育人实践当中，笔者多年来在湖北省红安县、河南省新县等为军校学员、地方党政干部培训进行现地教学，取得较好的社会影响。

需要指出的是，本书虽然力求在研究内容及方法等方面都具有一定的创新性，也提出了一些好的想法和思路，但受限于档案资料缺乏等原因，许多问题的研究还不够深入，如党在游击状态下的决策机制、动员机制的提炼归纳、与南方其他各游击区的互动及比较研究等，仍需进一步思考与研究。

第一章　鄂豫皖边革命的兴起与挫折

鄂豫皖苏区是土地革命战争时期,中国共产党在湖北、河南、安徽三省交界的大别山区建立的革命根据地,极盛时苏区人口达到350万人,主力红军4万5千余人,赤卫军等群众武装发展到20万人以上,建立了26个县的革命政权,面积达到4万余平方公里,是全国第二大苏区。① 本章主要分析鄂豫皖边革命是如何兴起,党是如何把群众发动起来,以及其间所面临的困境和遭遇的挫折,这既是研究鄂豫皖边三年游击战争必要的背景性铺垫,也是从源头上回答为什么鄂豫皖边游击战争在极端复杂困难条件下能够坚持和发展的重要原因。

一、鄂豫皖边革命烽火的燃起

1927年国民党分共之后,中国共产党的苏维埃革命客观上经历一个由城市向农村、由发动工人到动员农民参加革命的转变过程。从这个意义讲,毛泽东认为,"中国的革命实质上是农民革命"②。农民为什么会参加革命呢? 传

---

① 参见中国工农红军第四方面军战史编辑委员会:《中国工农红军第四方面军战史》,解放军出版社1989年版,第168页。

② 《毛泽东选集》第二卷,人民出版社1991年版,第692页。

统的解释模式是:农村土地分配不均造成农民贫困,中国共产党开展土地革命,把土地分配给贫苦农民,获得土地的农民为保卫革命的胜利果实,从而支持和参加革命。但是,近些年来,一些学者从社会史的路径出发,通过个例研究,提出贫困并不是农民走上革命的唯一理由,否则无法解释为什么只有一部分农民参加了革命,认为土地集中、家庭贫困与农民革命并无必然联系,中共深入农村的动员是农民参加革命的主要原因。① 笔者以为,社会经济条件仍是革命产生的根源和前提,否则也很难解释为什么这一时期革命会遍地开花,当然"仅是贫困并不足以爆发与形成革命",至于某个地方的革命能否发动起来,则主要靠中共的艰苦工作,通过"动员组织人民,揭露反对统治者的剥削和腐败,贫困才会变得不可忍受,革命才会成为可能"。② 因此,这两种解释模式并不是截然对立的,前者趋于宏观阐释,后者趋于微观描述,后者是对前者的补充和深化,这既有利于从宏观上丰富和解释中国革命为什么会产生,同时也有助于理解地方革命能够兴起的具体缘由,从中我们也能够更加清晰感受到中国共产党在革命产生过程中所作出的艰苦努力,理解革命之艰辛和不易。同样,对于鄂豫皖边革命的兴起,笔者也拟从这一革命产生的社会经济因素、地理和民众心理基础,以及更加关注中共在这一过程是如何运用这些条件一步步把革命发动起来。

(一)鄂豫皖边革命兴起的社会经济和地理因素

鄂豫皖苏区是以大别山区为中心的三省边界地区,由鄂东北、豫东南和皖西北三部分构成,包括湖北的黄安(今红安)、麻城、黄陂、孝感、黄冈、罗田、浠水、蕲春、黄梅、广济(今武穴市),河南的商城、光山、罗山、固始、潢川、信阳,安徽的六安、霍山、霍丘、潜山、太湖、宿松、英山(今属湖北)等20余县。

---

① 参见李金铮:《农民何以支持与参加中共革命?》,《中共党史研究》2012年第11期。
② 邹荣:《鄂豫皖苏区文化动员与意识形态建构(1920—1937)》,武汉大学博士学位论文,2013年;何友良《苏区制度、社会和民众研究》,社会科学文献出版社2012年版。

　　鄂豫皖苏区战略地位十分重要:从地缘政治来看,这个地区北带淮河、西扼平汉线(今京汉铁路)、南控长江、东接江淮平原,直接瞰制武汉、信阳、安庆、合肥等重要城市,西出平汉线,可割断南北之交通,南下武汉,则可阻隔长江东西之通络,顺江东下则可威制南京、上海,动摇东南之根本。其次,从战略纵深来看,大别山脉雄峙中央,长江、淮河襟带南北,境内崇山峻岭、层峦叠嶂,白马尖、天棠寨、木兰山、天台山、大悟山等散布其间,平均海拔在1000米左右,山高林密、道路崎岖、地势险要,易险难攻;滠河、白河、蕲水、倒水、举水、巴水、澴水等河流湖泊星罗棋布、纵横交错,易于物资传输和力量投射,便于战略展开。同时,大别山南麓广大区域背风向阳、气候温和、雨水充沛、日照充足,易于农业生产,沿江有广阔的平原,土地肥沃、物产丰饶,有稻米、棉花、小麦、花生、苎麻等农作物生产;山区丛林遍野,出产各种杂粮及菸、茶、桐油、木籽、竹木、药材等物产;西南部的江河湖泊地区,还盛产各种淡鱼、藕、菱等。丰富的物产、自足自给的经济条件,给坚守革命提供了绝好的场所。①

　　与全国其他地区一样,中国进入近代社会以后,由于帝国主义的侵略、封建势力加重剥削和连年的军阀混战,以及土地集中、租税繁重,鄂豫皖边广大农民终年辛劳仍不得温饱,甚至贫困交加、饥荒频仍,人民群众要求摆脱悲惨境地的愿意和要求非常强烈。这方面的材料在当时的调查资料、工作报告、民歌民谣等都有清晰的反映。

　　鄂东北位于大别山主峰以南,长江之北,以黄安、麻城为革命中心,包括黄陂、孝感等县。在20世纪20年代中期军阀吴佩孚统治时期,该地区"70%—80%的土地,都被只占乡村人口不到10%的豪绅地主(包括祠堂)寺庙所占有,而占乡村人口90%以上的雇、贫、中农,却总共只占20%—30%

---

　　① 参见《第一次国内革命战争前的鄂东社会经济概况地理环境和自然条件》,载中国工农红军第四方面军战史编辑委员会:《中国工农红军第四方面军战史资料选编(鄂豫皖时期·上)》,解放军出版社1993年版,第372页。

的土地"①,由于"反动政府的苛捐杂税,豪绅地主的加重剥削,清乡团的抢劫,枪会、仁义会以及各种土匪的骚扰,军阀战争的影响,金融紊乱,不独贫农早已破产,即城市中小商人和自耕农亦加速的破产。这些广大的群众必然而不可止的日益革命化"②。

在豫东南各县的社会经济状况更为恶劣,豪强地主较多、土匪经常盘驻、军阀轮番登场,除苛捐、勒罚、绑票勒赎等,其余捐税总计有 10 余种,"差不多物物有税、事事完捐"。各路军阀甚至还提前预征捐粮,1928 年 9 月以前,军阀任应岐已经预征到了 1932 年,但冯玉祥驱逐任应岐后,又重新从 1928 年预征到了 1931 年,之后蒋介石赶走冯玉祥后又从 1929 年重新开始起算③。1929 年河南省委巡视员郭树勋(即郭述申,笔者注)在鄂豫边巡视时就发现:"东南各县,年来因兵匪的骚扰,及土匪军队的长期盘据,农村衰落破败的境象,达于极顶","东南的民众因为年岁的荒歉,赋税的繁重,加以兵匪的骚扰,把他们逼到绝路了"。④

皖西北六霍等县,"在安徽全省比较起来,要算一个出产丰富的地方,茶、麻、茯苓、竹木、扫帚、纸、黄丝、漆、木子油、桐油等,是出产的大宗,英、潜出产棉花,合肥、霍邱、六安东南部出产大宗米粮"⑤。但农村的经济已日渐崩溃,

① 《第一次国内革命战争前的鄂东社会经济概况地理环境和自然条件》,载中国工农红军第四方面军战史编辑委员会:《中国工农红军第四方面军战史资料选编》(鄂豫皖时期·上),解放军出版社 1993 年版,第 375 页。

② 《鄂东北各县第二次联席会目前政治形势与党的任务决议案(一九二九年六月九日)》,载中国工农红军第四方面军战史编辑委员会:《中国工农红军第四方面军战史资料选编》(鄂豫皖时期·上),解放军出版社 1993 年版,第 282 页。

③ 参见《鄂豫边特委综合报告—边区政治经济情形,党、政、军工作及工运、妇运、青运情况(一九三○年十二月)》,载中国工农红军第四方面军战史编辑委员会:《中国工农红军第四方面军战史资料选编》(鄂豫皖时期·上),解放军出版社 1993 年版,第 867 页。

④ 《郭树勋关于豫东南政治和党组织状况、存在问题给中央的报告(一九二九年二月十一日)》,载中国工农红军第四方面军战史编辑委员会:《中国工农红军第四方面军战史资料选编》(鄂豫皖时期·上),解放军出版社 1993 年版,第 449 页。

⑤ 《皖西北特苏对鄂豫皖特区苏维埃政府的工作报告(一九三一年六月)》,载《鄂豫皖革命根据地》编委会:《鄂豫皖革命根据地》(第三册),河南人民出版社 1989 年版,第 489 页。

主要原因是："1.因为军阀战争一天天的加紧,同时对农民的剥削就一天天的厉害,如摊派军响〔饷〕、伕费等。2.因为土匪蜂起,稍有经济财力的农民,都被拉票贴票,即无经济财力的农民,也不安心职业。3.近年来的干旱,农业出产品减低。4.商业资本的侵入,农村经济日渐破产,因为他们的用费增加,生产力仍和从前一样。5.有了上述的四种原因,农民连买油、买盐的钱却〔都〕感困难,有的就是每日两餐都弄不到嘴。"①

材料也显示,农民走向革命的意愿也确实跟经济上的贫困程度有直接联系。比如湖北孝感、黄安、麻城、黄陂等县南部地区人烟稠密,土地不够农民使用,但因近靠武汉和平汉铁路,农民外出做小生意的较多,即便大地主也"多系经商外出,雇农代理",甚至一些麻城"南部的雇农生活,比北乡的中农生活,还要好些"。② 总体而言,南部经济状况比县城北地区普遍要好,这也导致同一县南北地区对革命认知也有较大的差异,当时黄安县委就发现,黄安"东西北部民众对於反动派非常恐恨,尤其是北部,因为北部民众都知道军阀国民党是工农穷苦人的敌人,南部民众对於反动派虽不满意,但是对国民党总有点幻想"③。孝感县委也观察到,"民众对于反动派的感想和表示:县以南的民众,因为经济平衡的关系,尚是模糊的,阶级没有分化清楚。县以北的民众都有革命的要求,并且多明白共产党是穷人的党"④。即便革命发动起来后,1929年5月中共中央巡视员何玉琳仍注意到:"在南部落后地方,农民群众是

① 《霍山县委关于经济、政治等情况的报告(一九三〇年四月十七日)》,载《鄂豫皖革命根据地》编委会:《鄂豫皖革命根据地》(第三册),河南人民出版社1989年版,第310页。

② 《麻城县委报告——政治经济形势、群众斗争情况、党务工作(一九二九年五月)》,载中国工农红军第四方面军战史编辑委员会:《中国工农红军第四方面军战史资料选编》(鄂豫皖时期·上),解放军出版社1993年版,第267页。

③ 《黄安县委报告——政治经济形势、群众斗争情况、党务问题(一九二九年)》,载中国工农红军第四方面军战史编辑委员会:《中国工农红军第四方面军战史资料选编》(鄂豫皖时期·上),解放军出版社1993年版,第259页。

④ 《孝感县委报告——政治经济状况,群众斗争及党务情形(一九二九年五月二十六日)》,载中国工农红军第四方面军战史编辑委员会:《中国工农红军第四方面军战史资料选编》(鄂豫皖时期·上),解放军出版社1993年版,第253页。

同情的态度,'共家的朋友是好的'常常都可听见。他们是希望我们能够替他创造出幸福来,双手送给他,自己参加斗争是太危险了,不划算。"①

概言之,在20世纪20年代的鄂豫皖边界地区农村经济濒于崩溃,军阀的横征暴敛和连年混战,更使边界地区田园荒芜、饥荒频仍,虽然也有像黄陂、黄安、孝感等县的南部经济情况稍好的情况,但"普遍的破产状态仍是很显著的"②,灾难深重的广大人民具有"变革现状的革命"的迫切要求,爆发过多次规模不等的抗租、分粮和驱逐帝国主义传教士等自发性的群众斗争,这是鄂豫皖边革命兴起的社会经济因素。

(二)鄂豫皖边革命兴起的群众基础和社会心理因素

农民的贫困虽然并不必然导致革命,却是一个必要的前提。一个地方革命的兴起,除了社会经济条件外,还与该地区民众的社会心态以及对革命的认知是有直接关联的,否则很难解释为什么中国共产党早期革命主要出现在南方,而在经济状况同样破败的北方却几乎没有发动起来。20世纪20年代中期的南北农村地区的社会心态,一个最为明显区别是,南方农村社会经历了大革命的洗礼,思想上普遍趋新,民众对革命、主义有了最初的认识,甚至有学者认为"主义之有无与优劣,被视为国民革命军战胜北洋军的重要因素"③。

1926年7月,国民革命军誓师北伐,10月攻占武汉,11月控制鄂东北地

---

① 《鄂东北特委何玉琳给中央的报告——黄麻地区政治、经济、军事状况,组织、宣传、工运、农运工作情况及今后意见(一九二九年五月七日)》,载中国工农红军第四方面军战史编辑委员会:《中国工农红军第四方面军战史资料选编》(鄂豫皖时期·上),解放军出版社1993年版,第241页。

② 《鄂东北特委何玉琳给中央的报告——黄麻地区政治、经济、军事状况,组织、宣传、工运、农运工作情况及今后意见(一九二九年五月七日)》,载中国工农红军第四方面军战史编辑委员会:《中国工农红军第四方面军战史资料选编》(鄂豫皖时期·上),解放军出版社1993年版,第237页。

③ "主义"对于国民革命军取得北伐胜利的作用,罗志田在《地方意识与全国统一:南北新旧与北伐成功的再诠释》一文中有着精妙的阐述。参见罗志田:《乱世潜流:民族主义与民国政治》,上海古籍出版社2001年版。

区,并向河南、安徽推进。由于国民政府一度从广州迁往武汉,以武汉为中心的湖北农民运动开展得如火如荼,鄂东北的农村地区经历一场前所未有、声势浩大的革命洗礼。对于大革命的影响,郑位三曾指出:"大革命时,北伐军到武汉,中共中央到武汉,中央临时政府也在武汉,武汉成了临时首都。湖北五六十个县的县长都是革命政府委派的。上层势力我们接管了,上层封建势力搞倒了。"①1927年春,黄安县委成立,由余文治、徐希烈、戴季伦、郑位三等组成,"黄安党在大革命时期,完全取得了党部的和工农会的领导权,支配了全县政治"②。

鄂东北各县还普遍成立了农民协会,"农会实际成为乡村政权"③。据国民党湖北省党部农民工作部于1927年4月1日发表的关于农民协会的统计和在全省第一次农民代表大会上各县代表的报告显示:黄冈县有16个区农协,260个乡农协,会员105000人;麻城县有9个区农协,129个乡农协,会员22287人;广济县有区农协14个,乡农协120个,会员13000人;黄梅县有区农协16个,会员34000人;蕲春县有会员11000人;黄陂县有会员72000人;黄安县有会员23500人;孝感县有会员28900人;罗田县有会员16000人。④ 在豫东南,农民运动也有了初步的发展,商城县有8个区农民协会,会员达1万余人,皖西六安、霍丘等地均成立了农民协会。各级农会组织的普遍建立和发展,农民普遍行动起来,面对面地同土豪劣绅进行斗争,处决了一批罪大恶极的土豪劣绅,如黄梅的陈烈三、黄安的吴惠存、麻城的丁枕鱼、蕲水的徐泽甫

---

① 《郑位三同志谈话记录(第四次)》,1959年4月7日于汉口德明饭店,湖北省档案馆,SZA—2996。

② 戴季英:《鄂豫皖苏区红军历史(一九二七年冬——一九三〇年春)》(1944年7月),载中国工农红军第四方面军战史编辑委员会:《中国工农红军第四方面军战史资料选编》(鄂豫皖时期·上),解放军出版社1993年版,第3页。

③ 戴季英:《鄂豫皖苏区红军历史(一九二七年冬——一九三〇年春)》(1944年7月),载中国工农红军第四方面军战史编辑委员会:《中国工农红军第四方面军战史资料选编》(鄂豫皖时期·上),解放军出版社1993年版,第3页。

④ 参见《鄂东地区的农民运动》,载中国工农红军第四方面军战史编辑委员会:《中国工农红军第四方面军战史资料选编》(鄂豫皖时期·上),解放军出版社1993年版,第385页。

等;减租减息,取消苛杂,没收大地主土地财产与公产;在打退土豪劣绅组织的反动武装的进攻过程中,黄安、麻城还自发成立农民自卫军,初步建立起群众武装组织。比如,黄安县辖有三种武装:一支县农民自卫军,于 1927 年 2 月开始建立,其成员由各农协动员成分好、身体健壮的青年参加,有 30 多条钢枪(有说 70 多条)。4 月,湖北省颁布了农民自卫军条例,允许农民武装合法存在,县举行了农民自卫军成立庆祝大会,宣布成立自卫军管理委员会。一支工人纠察队,使用的全是原始武装,没有钢枪。还有一支是县警备队,这是一支经过改编的旧武装,有 20 多支枪。各乡农民也相继武装起来,成立了自卫队与纠察队,按班、排编制,使用刀、矛、土枪、梭镖等武器。当时一声号令,能集结几万人,此外,吴焕先、吴先筹等还在箭厂河办了三堂革命的红枪会,对付光山反革命的红枪会。麻城也有两种农民自卫军,一是在农民群众斗争中产生的,一是由旧军队改编的。另外还有一支百余人的守备队。其他如黄梅、蕲春等县都先后建立了农民自卫军。各县农民自卫军的任务,主要是镇压反革命及其反动武装,保卫农民革命政权,保护农民安全。① 这些农民武装在与反动红枪会的斗争中得到锻炼,当时鄂豫边境的地主土豪组织了数以万计的红枪会组织,与黄麻的农民武装经常发生冲突,斗争的规模都非常大,有些甚至达到数十万人。在长期的斗争中,“农民就刀矛土炮锄头不离手”②,民风强悍,斗争意识非常强。

　　尽管鄂东北的农民运动由于汪精卫的武力分共很快归于失败,但这一时期所构筑的社会心态和累积的群众基础成为后来土地革命迅速发展起来的重要因素,实际也是土地革命的一次成功预演。一方面,经过同土豪劣绅以及会匪面对面的斗争,在农村社会中实际上已经嵌入了“阶级仇恨”,农民与地主

---

① 参见《鄂东地区的农民运动》,载中国工农红军第四方面军战史编辑委员会:《中国工农红军第四方面军战史资料选编》(鄂豫皖时期·上),解放军出版社 1993 年版,第 388 页。

② 《黄麻起义及其前后的一些斗争情况——王树声同志给本室编辑人员谈话记录(一九六二年)》,载中国工农红军第四方面军战史编辑委员会:《中国工农红军第四方面军战史资料选编》(鄂豫皖时期·上),解放军出版社 1993 年版,第 409 页。

之间的阶级矛盾已经摆在直接对立的层面,特别是在镇压和处决一些大地主、大土豪后,农民也认识到"盖子揭开了,革命就要革到底",同时地主的反攻倒算又加剧了这种阶级对立,形成一种"不是你死,就是我亡""不打不能安身"的局面。① 另一方面,农民协会的建立,经过农会政治权力的短暂运作和经济权利的获得,使农民建立起革命正当性的心理优势,对共产党和农民政权产生了初步的信赖。"抗租抗债""打倒土豪劣绅""穷人不还富人钱"等,就经过长期封建教育的农民传统心态而言,这毕竟是不具有正当性的,行动上起来未免有心理负担。但经过农会的政治训练和广泛宣传,农民开始认识到痛苦的来源是帝国主义、军阀官僚、土豪劣绅,"农民协会自然是我们种田老的一个会,为我们种田老解除痛苦的一个会","农民协会是农民求解放的唯一道路"②。鄂东北许多地方还往往把农会与党看成是一体,"群众认党是他们的'上级机关',是带领他们去打土豪劣绅、打匪军",光山"文化落后一带地方,更以为他们替共产党员打江山,他们是共产党的老百姓"③,孝感"一般农民以为党就是农会,农会就是党"④,"黄安大部份农民群众认为党是他们自己的,他们参加农委或未参加组织,通常自以为是共产党员,到处称呼同志,如果党开会被他们察觉了,他即说:'怎么?你们以为我是反动派吗?为什么不约我呢?'他是很发气的",即便是"在南部落后地方,农民群众是同情的态度,'共

①　参见《黄安县委关于黄麻起义暴动经过情形的报告(一九二七年十二月十四日)》,载中国工农红军第四方面军战史编辑委员会:《中国工农红军第四方面军战史资料选编》(鄂豫皖时期·上),解放军出版社 1993 年版,第 135 页。

②　《湖北省农村协会第一次代表大会文件(大会宣传大纲)》,载中国工农红军第四方面军战史编辑委员会:《中国工农红军第四方面军战史资料选编》(鄂豫皖时期·上),解放军出版社 1993 年版,第 55 页。

③　《何玉琳给中央的报告——鄂东北特区最近以来工作概况(一九二九年九月八日)》,载中国工农红军第四方面军战史编辑委员会:《中国工农红军第四方面军战史资料选编》(鄂豫皖时期·上),解放军出版社 1993 年版,第 354 页。

④　《孝感县委报告——政治经济状况,群众斗争及党务情形(一九二九年五月二十六日)》,载中国工农红军第四方面军战史编辑委员会:《中国工农红军第四方面军战史资料选编》(鄂豫皖时期·上),解放军出版社 1993 年版,第 254 页。

家的朋友是好的'常常都可听见。"①尽管这些农民对农会与党的关系认识还不甚准确,甚至也有一些地方认为共产党"是些妄想发横财的'共匪'",但就鄂豫皖边界的多数贫苦农民来讲,还是有一个基本的认识,即共产党是为农民利益服务的一个党,对共产党总体还是抱有好感和同情,这也是后来为什么在这片土地上革命始终没有中断的一个重要原因。

(三)鄂豫皖边革命兴起的组织和动员工作

谈到鄂豫皖革命兴起的原因,早在 1959 年郑位三就提出过这样一个问题:"1927 年大革命时期,为什么湖北的五六十个县中,只有十多个县创立了红军与苏区?"实际上,这不仅是针对湖北的革命,对于湖南、江西、广东等经历过大革命影响的地方都存在类似情况,即革命的地方性问题,这也是近些年来学术界较为关注的问题。结合亲历革命的过程,经过深入思考后,郑位三提出了自己的看法:"因为知识分子多数出身地主、富农家庭。知识分子很大数量参加了革命,就把地主、富农家庭分化了。这一分化对地主不利,地主孤立,容易打倒;这一分化农民就勇敢些。"②

简言之,以地主和富农子弟为主体的本地革命知识分子在早期动员农民参加革命过程中起了很好的桥梁和关键性作用。郑位三的这一结论,也得到了近年来学术界研究成果的回应和支撑。研究表明,中共早期的农村革命大多是由本地知识精英回乡发动的,如方志敏、黄道、邵式平等在赣东北,③邓子

---

① 《鄂东北特委何玉琳给中央的报告——黄麻地区政治、经济、军事状况,组织、宣传、工运、农运工作情况及今后意见(一九二九年五月七日)》,载中国工农红军第四方面军战史编辑委员会:《中国工农红军第四方面军战史资料选编》(鄂豫皖时期·上),解放军出版社 1993 年版,第 241 页。

② 《郑位三同志谈话记录(第四次)》,1959 年 4 月 7 日于汉口德明饭店,湖北省档案馆,SZA—2996。

③ 参见陈德军:《乡村社会中的革命——以赣东北根据地为研究中心(1924~1934)》,复旦大学博士学位论文,2003 年。

恢、张鼎丞、傅柏翠等在闽西,李文林、赖经邦、曾炳春等在赣西南。① 一些革命者的回忆也可佐证,朱德曾向美国记者史沫特莱谈到:"共产党领导人中间有个很特别的现象。这些人乃是地主的儿子,有的本身就是地主,但大部分都年轻,受过教育。"②赖传珠也曾回忆道:"赣州参加共产党的很多同志都是小地主家庭出身的。"③陈奇涵谈到兴国革命时,也提到一个有意思的现象:"当地群众中流传着'穷人不闹,富家弟子大闹'的说法。也有的反动分子莫明〔名〕其妙地说:'这些人不愁吃不愁穿,好事不做跑去当土匪'。"④

鄂豫皖边革命兴起过程中,革命知识分子所起作用是非常明显的。董必武是黄安人,也是湖北革命的主要播火者,参加中共一大后不久就成立了中共武汉区委,并创办了武汉中学,宣传马列主义,培养革命骨干。鄂东籍的一些青年学生在武汉读书,接受革命思想,并加入了党、团组织。如黄安、麻城的徐希烈、戴继伦、戴克敏、曹学楷、王秀松、王健、桂步蟾、吴焕先,罗田的肖大椿,孝感的颜光第、卫祖胜等。他们回乡之后就开始传播革命思想,建立和发展党的组织,郑位三在谈到黄安知识分子的作用时,回忆道:"特别在一九二五年暑期回乡以后,更积极地联合当地的许多革命知识份子,到处散发传单,进行集会演讲,宣传反帝反封建的思想。同时,黄安出版的'黄安青年',在党的影响下,也开始转载革命消息,抨击反动政治,宣传反帝反封建,提倡新文化运动。之后,'新青年'、'向导'、'中国青年'等刊物,也越来越多的邮寄到黄安,革命的影响,便日益广泛地深入人心。"⑤北伐军到达武汉后,在武昌开展

① 参见何友良:《革命源起农村革命中的早期领导群体》,《江西社会科学》2007 年第 3 期。

② 〔美〕艾格妮丝.史沫特莱:《伟大的道路——朱德的生平和时代》,梅念译,生活·读书·新知三联书店 1978 年版,第 279 页。

③ 赖传珠:《回忆大埠农民暴动》,载中共江西省委党史研究室:《江西党史资料》第 4 辑,江西党史研究室 1987 年编印,第 183 页。

④ 陈奇涵:《赣南党的历史》,载陈毅、肖华等:《回忆中央苏区》,江西人民出版社 1981 年版,第 6 页。

⑤ 郑位三:《红色的黄安》,载《鄂豫皖革命根据地》编委会:《鄂豫皖革命根据地》(第四册),河南人民出版社 1989 年版,第 1 页。

的农民运动讲习所也为鄂东的知识青年拓展了开展农民运动的方法。王树声在谈到麻城的革命斗争时,还曾强调说:"特别应该提出的是,黄麻地区的戴克敏、汪奠川、刘文蔚、桂步蟾等同志,在毛主席主办的农民运动讲习所学习过,他们在领导当地农民运动中发挥过很大的作用",同郑位三一样,他也认为:"麻城地区的建党工作首先是在革命的知识分子中开始的,他们在传播马列主义和领导革命斗争中,起了很好的桥梁作用。"①

在豫东南地区,大革命以前就有不少青年学生在外地求学,1923 年在北京上学的共产党员吴静宇回到老家商城城关,任教于城内一小,宣传马列主义,在教员学生中发展党员,于 1925 年春建立了中共商城特支,1926 年秋成立中共商城县委,成员大都是知识分子。1924 年 7 月,商城县志诚高级小学的几位教师党员成立了以詹谷堂为党小组长的党组织,这是豫东南地区的第一个党小组,后来又在笔架山商城甲种农业学校开展建党活动,"先后发展了李梯云、周维炯、漆德伟、漆禹原、漆海峯、漆淑浦、李圣武等入党,成立了一个党小组,李梯云任党小组长。"②这一批党员,后来大都成为商南起义的领导骨干。

在皖西地区,1925 年秋,一批在外求学的六安籍的党团员从上海、杭州、芜湖等地回到六安,宣传革命思想,开展建党活动,成立了中共六安特别支部。1927 年春,党又从上海等地派了一大批知识分子党员周狷之、储克盛、桂伯炎、毛正初、吴干才等回到六安,建立了中共六安特区委员会。曾留学日本的共产党员舒传贤,也受党的派遣回到家乡霍山开展革命活动。"在舒传贤同志的帮助下,许多人的革命思想由萌动到坚定,革命的觉悟在日益提高。舒传贤同志又在学术研究会内秘密吸收了三十多人入党,编成三个党小组,建立了

---

① 《黄麻起义及其前后的一些斗争情况——王树声同志给本室编辑人员谈话记录(一九六二年)》,载中国工农红军第四方面军战史编辑委员会:《中国工农红军第四方面军战史资料选编》(鄂豫皖时期·上),解放军出版社 1993 年版,第 408—409 页。

② 谭克绳等:《论革命知识分子在创建鄂豫皖苏区中的历史作用》,《华中师院学报》1983 年第 6 期。

党支部,并担任支部书记。"①

革命的最终依靠力量还是农民,但要把农民发动起来进行革命,需要做大量艰苦而细致的工作。早在1924年,董必武就曾告诫回乡从事农民运动的革命知识分子,要他们注意四点:"(一)注意看房子,青砖瓦屋一般较富,要求找贫苦农民,取得他们的信任;(二)先不宜作空乏宣传,要闲谈,与农民靠拢;(三)帮助农民办好事,写信记账,助工助教,多帮忙,不要使农民吃亏;(四)领导农民斗争,开始选择容易取胜的事情干,先小后大,注意团结农民"②。正如董必武所总结的,要让农民参加革命,首先要能够得到农民的信任。这些知识分子许多是地主富农家子弟,革命从自家开始具有示范效应,也是能够取得农民信任的最直接方式。吴焕先是黄安箭厂河(今属河南新县)人,家境富裕,1925年加入共产党后,回乡开展革命工作,一开始吴焕先见了贫苦农民,就大讲道理,大家听了都很热心,不过多半是将信将疑。1926年初吴焕先将自己家的佃户债主请到家里,当面将佃户债主的租地地契和债务借据全部烧掉,并告诉他们以后谁种吴家的田就归谁所有。吴焕先的举动在家乡引起了很大轰动,这才使群众相信吴焕先是真正要革命的,很多老百姓在惊讶的同时接受了耕者有其田的革命主张,所以当年冬天吴焕先在四角曹门、郑家边、詹家湾等地举办了以三堂"红学"为名的农民武装队伍,成为后来黄麻起义的骨干力量。

除了"破家革命"外,这些革命骨干还通过打倒当地有影响的土劣,以"揭盖子"的方式来激发农民参加革命的勇气,坚定农民革命的决心,比如在黄安,打死吴惠存、杀了李介仁等豪绅后,有的农民见到曹学楷,就伸出拇指称赞说:"现在相信共产党是真正领导穷人革命的"③。在麻城,"捉了丁枕鱼,就

---

① 谭克绳等:《论革命知识分子在创建鄂豫皖苏区中的历史作用》,《华中师院学报》1983年第6期。

② 郭家齐主编:《红安县革命史》,武汉大学出版社1987年版,第25页。

③ 郑位三:《红色的黄安》,载《鄂豫皖革命根据地》编委会:《鄂豫皖革命根据地》(第四册),河南人民出版社1989年版,第6页。

和地主撕破了脸,农民们兴高彩烈,扬眉吐气,接着又捕捉了方家湾反动区长王既之的侄子王子历等十几个土豪劣绅,送县城关押。从这时开始,农民武装斗争实际已经开始了,刀矛、土铳已经不离农民的手"①。

取得农民初步信任的基础上,革命知识分子还采取"串亲戚""交朋友""谈天""唱山歌"等②乡村最常见的动员方式进行革命道理的宣传,并把农民组织起来。如,鄂东北特委派徐子清去商南发动革命,他来到商南后就住在太平山潘家湾的一个被豪绅地主逼得走投无路的农民廖炳国家里,以织袜子作掩护,进行革命工作。他织的袜子卖价低,获得农民好感,借此接近农民,宣传革命主张。他讲解富人为什么富,穷人为什么穷的道理,也讲黄麻人民的斗争实况,讲得生动感人,周围农民都愿意和他谈心事,他成了农民的知心朋友。过了一个多月,首先吸收了廖炳国入党,不久,又把一些农民群众以兄弟会名义组织起来。以后,穷人串连穷人,这一组织不断发展,成为商南起义的骨干力量。③

农民协会是组织农民的主要方式,在革命知识分子党员的具体领导下,农民协会得到迅猛发展,到1927年5月,鄂东北地区的农民协会会员约100万人,占湖北全省农民协会会员总人数的三分之一以上。在农民运动高潮中,许多革命知识分子开始认识到:要想把斗争进行到底,取得革命胜利,必须有自己的武装。1927年6月,戴克敏在率队剿灭麻城会匪后,他在《向导周刊》撰文写道:"这次的战斗,还是〔使〕我得到一个感想,现在革命已不是空口喊喊的事了! 反革命者弓上弦刀出鞘,开了他们贪狼饿虎似的大口,对着我们,我

---

① 《黄麻起义及其前后的一些斗争情况——王树声同志给本室编辑人员谈话记录(一九六二年)》,载中国工农红军第四方面军战史编辑委员会:《中国工农红军第四方面军战史资料选编》(鄂豫皖时期·上),解放军出版社1993年版,第403页。

② 参见黄文治:《鄂豫皖苏区道路:一个民众动员的实践研究(1920—1932)》,上海师范大学博士学位论文,2011年。

③ 参见《太平山上》,载中国工农红军第四方面军战史编辑委员会:《中国工农红军第四方面军战史资料选编》(鄂豫皖时期·上),解放军出版社1993年版,第403页。

们革命者若不自己武装起来,把我们的枪口对着敌人而扫射,我们自己是没有命的!中国的革命一天天在紧张起来,同志们!武装起来!"①革命的火种一旦播下,就难以熄灭。革命知识分子的艰苦组织和动员工作,为后来革命暴动、创建军队和革命根据地准备了群众基础、积蓄了革命力量。

二、鄂豫皖苏区的创建与统一

无论是中央苏区,还是鄂豫皖等苏区的创建,都是在大革命失败后、中国革命处于低潮时期,由中国共产党带领广大人民群众历经万千磨难、付出巨大牺牲所创造的革命成果,在中国革命史上具有极为重要的地位。不过,与中央苏区等主要依靠党领导外来军队创建不同,鄂豫皖苏区的形成有自己的典型特点,走出了一条由"从群众中产生党、政权、军队"的路径,鄂豫皖苏区创建者之一的戴季英就指出,"黄麻起义最大的特点,是没有任何正规军队参加,参加者都是农民,叫做'揭竿而起'"。② 因此,鄂豫皖苏区带有很强的群众自发性革命的特点,革命的群众基础非常好,徐向前曾说过,全国的老根据地他都走过,但是群众最好的要算鄂豫皖,几十年一直坚持斗争。③ 这在一定程度上可以解释为什么红四方面军西征后,红25军还能够坚持两年多时间,在红25军长征后,红28军又能在这片土地上坚持了三年游击战争。但是,这种内生型的根据地在边界统一和武装力量的整合过程中,也往往会遇到更为浓厚的地方主义的干扰,需要做出更为艰苦的努力。

(一)鄂豫皖苏区的创建:"从群众中创造党、军队、根据地"

1927年8月,根据中央湘鄂粤赣四省农民秋收暴动计划和八七会议精

---

① 戴克敏:《剿灭麻城会匪的经过》,《向导》第200期。
② 戴季英:《黄麻起义前后》,载《艰苦的历程:中国工农红军第四方面军革命回忆录选辑》(上),人民出版社1984年版,第61页。
③ 参见《郑位三同志谈话记录(第一次)》,1958年11月23日,湖北省档案馆,SZA—2993。

神,中共湖北省委制订了湖北秋收暴动计划,将全省划为武汉、鄂东、鄂南、京汉路、鄂北、鄂中、鄂西等7个暴动区,其中以鄂南区为中心,因为"在政治上既可以直接影响武汉,在地理上断绝武长路的交通及电邮,又可以造成湖南军队与政治的恐慌"①。为配合鄂南区的暴动,将鄂东区又分为大阳区(大冶、阳新、鄂城)、黄蕲区(黄梅、武穴、广济、蕲春)和麻黄区(麻城、黄安)三区。

大革命失败后,鄂东区的党组织都处于地下状态,八七会议精神和湖北暴动计划直到9月中旬才传达至麻黄区。两县党组织迅速制定秋收起义计划,于是从9月26日,黄、麻两县农民自卫军便配合广大农民开始行动,相继举行了千余人至数千人的群众大会,搜捕土豪劣绅,没收地主财产,打击反动势力。"仅在黄安之紫云、七里和麻城之乘马、顺河等地就有二三十处农民起义。"②由于两县党的领导缺乏经验等原因,起义最终失败了。这一暴动后来被称为"九月暴动"。

虽然"九月暴动"失败,湖北省委却发现,麻黄区的斗争"最初并没有党在那里领导,完全是农民因响应鄂南暴动而自动起来",具有较好的群众武装基础,如果"派得力同志前往""只要该区特委能够坚决的做下去,又因省委指示之工作方针,只要该区特委能够坚决的做下去,最短期间,必能暴动起来,造成割据局面"。③

于是,10月间湖北省委先后派符向一、王志仁、刘镇一、吴光浩等干部前来黄安,继续发动和领导黄麻两县的武装起义。符向一、刘镇一等到达黄安后,成立了黄麻特委和鄂东革命委员会,加强和整顿两县农民自卫军,积极发

---

① 《中共湖北省委关于湖北农民暴动经过之报告》(1927年10月),载中国人民解放军历史资料丛书编审委员会:《土地革命战争时期各地武装起义(湖北地区)》,解放军出版社1996年版,第66页。

② 中国人民解放军历史资料丛书编审委员会:《土地革命战争时期各地武装起义(湖北地区)》,解放军出版社1996年版,第13页。

③ 《中共湖北省委关于湖北农民暴动经过之报告(1927年10月)》,载中国人民解放军历史资料丛书编审委员会:《土地革命战争时期各地武装起义(湖北地区)》,解放军出版社1996年版,第103—104页。

展群众武装,积极准备进行更大规模的武装起义。至暴动前,农民自卫军"有好枪百七十枝,次的三十余,盒子炮四十余支,次为农民革命军,有来复枪千余支,土炮四十余尊,编为一团,余则有刀枪的农民约六万余人"①。经过充分的准备,于 1927 年 11 月 13 日晚 10 时发动黄麻起义,"动员起的群众约二十万,配合自卫军攻城的武装群众约两万"②,次日凌晨攻入黄安城内。

黄麻起义吸取了"九月暴动"没有及时成立政权和组织军队的教训,经过酝酿,黄安农民政府筹备处于 18 日召开群众大会,宣告成立农民政府,到会群众万余人,9 人当选(全系中共党员)农民政府委员,曹学楷当选为农民政府主席。宣布了以实行土地革命、推翻豪绅地主、保护商业贸易、建立工农政权、反对帝国主义、打倒国民党蒋介石等为主要内容的政治纲领。同时,还成立工农革命军鄂东军,潘忠汝为鄂东军总指挥,并兼任由黄安县农民自卫军组成的第一路司令,吴光浩、刘光烈为副总指挥,吴光浩兼任由麻城县农民自卫军组成的第二路司令,共 300 余人,约 240 支枪。

对于这次起义,从中央到湖北省委都评价很高,在南昌起义、鄂南起义、鄂北起义等相继被批评为"军事投机"或"玩弄暴动"的背景下,中央却对黄麻起义给予了高度肯定,认为"黄安还算过去工作有数的好地方",有"湖北海陆丰的称号"。③ 黄麻起义之所以得到中央的充分肯定,其原因在于"这回暴动是一个自发的群众暴动,这回暴动是群众英勇的斗争","在这回暴动中,表现群众需要暴动,群众需要夺取政权(黄安县城攻下时农民毫不犹豫的杀官吏豪

---

① 《一两月来湖北之农民革命潮——黄安建立农民政府、各县到处骚动(一九二七年十二月)》,载中国工农红军第四方面军战史编辑委员会:《中国工农红军第四方面军战史资料选编》(鄂豫皖时期·上),解放军出版社 1993 年版,第 124 页。

② 戴季英:《鄂豫皖苏区红军历史(一九二七年冬——一九三〇年春)》(1944 年 7 月),载中国工农红军第四方面军战史编辑委员会:《中国工农红军第四方面军战史资料选编》(鄂豫皖时期·上),解放军出版社 1993 年版,第 5 页。

③ 《中央关于根据地与游击战争问题给湖北省委的复示(一九二八年十二月十八日)》,载中国工农红军第四方面军战史编辑委员会:《中国工农红军第四方面军战史资料选编》(鄂豫皖时期·上),解放军出版社 1993 年版,第 220 页。

绅,坚决的要建立农民政府),以解决其痛苦。从暴动起群众没有丝毫妥协畏缩的心理,也没有丝毫改良主义的倾向,这给我们村乡工作者多大的兴奋"。①同时,这次起义非常契合中央从民众暴动中生成军队和组织政权的革命路径。②

当然,这次起义存在的问题,黄安特委也作了检讨:"党的责任未能完尽(真正有党的雏形直到现在不过四十天),尤其是党未能使这次自发的暴动达到最高的组织性(中央总策略输入黄安不过二十余日),致暴动中表现很浓厚的无政府的状态,特别是政权形式的建立与工人的组织与兵士之宣传问题之不完备,在黄安暴动减少了不少的意义,此为以后之作乡村工作者值得特别注意者。"③对此,1927 年 12 月,湖北特委也专致信黄安县委,批评道"成立之农民政府,完全应农民之意思,而忽视向农民作苏维埃的宣传,有使党变成农民党之可能,这是一个错误",要求"政权的形式,应当是工农兵代表会(苏维埃),即工农兵政权",并"立即在群众中组织我们的党,将勇敢之农民加入,并作党之干部,否则将来成功,我们不能领导,失败就要如现在之鄂南,完全归于消灭。并须有党的公开机关和公开人,使群众看得见 C.P,尽力做打倒国民党

---

① 《黄安县委关于黄麻起义暴动经过情形的报告(一九二七年十二月十四日)》,载中国工农红军第四方面军战史编辑委员会:《中国工农红军第四方面军战史资料选编》(鄂豫皖时期·上),解放军出版社 1993 年版,第 144—145 页。

② 其实,在早期的中共党人看来,革命的前提在于发动民众运动,只有当民众觉醒以后,意识到自己的痛苦和悲惨境遇的根源之后,民众能够自动有觉悟地武装起来,此时才能进行真正的军事运动。因此革命应该采取"由宣传而组织训练而军事行动"的步骤。1924 年彭述之就曾在《向导》撰文把革命分为三个阶段:一、宣传。这就是宣传群众,使群众深切地了解自家的利益,认识自家的敌人,更进一步使群众明白怎样打倒敌人和取得政权的方法。二、组织与训练。这就是将已经明白自家利益,认识敌人的群众,按一定的方法组织起来,使成为有系统的物质势力,并加以各种训练,使成为自动而能战斗的军队。三、武装暴动,亦可谓之军事行动。这就是武装已了解自家利益而又受过组织与训练的群众,直接推翻旧有的统治阶级,取得政权。(《向导》,1924 年第 85 期)

③ 《黄安县委关于黄麻起义暴动经过情形的报告(一九二七年十二月十四日)》,载中国工农红军第四方面军战史编辑委员会:《中国工农红军第四方面军战史资料选编》(鄂豫皖时期·上),解放军出版社 1993 年版,第 145 页。

之宣传"。① 从建立农民政府到要求在群众中公开打出共产党的旗号和组织苏维埃政权,反映鄂豫皖边的革命开始从群众自发走向更加自觉的苏维埃革命。

黄麻起义,在大别山区第一次建立工农自己的政权、成立正规的军队,点燃了革命的烽火,成为鄂豫皖边苏维埃革命的起点。黄麻地区虽然地处大别山区,但战略地位非常重要。黄麻起义的胜利,引起了国民党政府的恐慌和嫉恨,先后调动魏益三的 30 军和何应岐的 12 军进攻黄安县城。12 月 5 日夜,第 12 军教导师突袭黄安城,鄂东军浴血奋战,先后打退敌多次进攻,终因众寡悬殊被迫突围。突围后,黄麻区特委和鄂东军研究决定,留少数人就地坚持斗争,大部分转移到黄陂县木兰山一带。1928 年 1 月 1 日,鄂东军改编为工农革命军第 7 军,吴光浩任军长,戴克敏任党代表,开展以木兰山为中心的游击战争。1928 年 5 月,经过几个月的游击斗争,黄麻区特委和第 7 军认识到,要坚持长期的武装斗争,不能进行流动式的单纯游击活动,必须进一步发动群众,建立一个根据地来站稳脚跟,并决定在鄂豫边界的柴山保地区建立根据地,实行工农武装割据。经过近 1 年多的艰苦斗争,到 1929 年 5 月,鄂豫边界已建立起北起光山县柴山保,南抵黄安县八里湾、桃花和麻城近郊,东达麻城县黄上岗,西迄孝感县汪洋店附近的割据地区,并普遍建立了党的组织和基层政权,第 7 军也改为第 11 军 31 师,以柴山保为中心的鄂豫边苏区初步形成。

随着鄂豫边革命形势迅速的发展,豫东南的革命形势也日益高涨。1929 年 2 月,鄂东特委和红 31 师党委与中共豫东南特委在光山县南竹园召开联席会议,决定将中共商南组织暂时划归中共鄂东特委领导。会后,鄂东特委又把商城县南部、罗田县北部、麻城县东部划为特别区,成立中共特别区委,领导以商南为中心的武装起义。1929 年 5 月 6 日,商南起义暴发。这次起义主要是

---

① 《湖北特委致黄安县委信(一九二七年十二月十一日)》,载中国工农红军第四方面军战史编辑委员会:《中国工农红军第四方面军战史资料选编》(鄂豫皖时期·上),解放军出版社 1993 年版,第 127 页。

以共产党员控制的民团兵变为主体与农民暴动相结合，在 11 个地点顺利展开，消灭了各处反动民团，控制了商南的和区、乐区，因 5 月 6 日是立夏节，故这次起义也称为立夏节起义。9 日，起义武装组成中国工农红军第 11 军第 32 师。商南起义胜利后，立即开展创建根据地的斗争。6 月 11 日，中共鄂东北特委与中共信阳中心县委举行联席会议，决定将商南党组织移交给中共信阳中心县委，由商城县委直接领导商南地区和红 32 师。12 日，中共中央巡视员郭述申指示商城县委学习鄂豫边工农武装割据的经验，建立乡村政权。经过三个月的努力，初步形成了以南溪、吴家店为中心，纵横六七十里的豫东南苏区。

继黄麻起义、商南起义之后，皖西党组织领导发动了六霍起义。1929 年 11 月 8 日，中共六安县第三区区委率领数千农民暴动，攻占独山镇。霍山县西镇地区农民在 32 师的支援下举行暴动，六安县七邻湾、霍山县桃源河等几十处农民相继暴动，六安县徐家集、江店、霍邱县乌龙庙等处民团也发动起义，形成以农民暴动为主体与民团起义相结合的六霍大暴动。1930 年 1 月，起义部队合编为中国工农红军第 11 军第 33 师。1 月 30 日，红 33 师攻占了霍山县城，2 月在红 32 师的配合下攻下六安县麻埠和独山，成立了霍山县苏维埃政府和六安县革命委员会。经过几个月斗争，到 1929 年 4 月，在六安、霍山、霍邱、英山、潜山五县毗连地区，形成了东抵淠河，西接商南，南至金家铺、水吼岭，北迄白塔贩、丁家集，南北长二百余里，东西宽一百余里，人口四十多万的皖西苏区。

至此，鄂豫皖边三个苏区相继建立。

（二）鄂豫皖苏区的统一：从特委、边特到中央分局

1928 年 12 月 15 日，曹壮父在给中共中央的报告中满腔热情地写道："我巡视所到的黄安——我认为湖北最好的一个苏维埃区域"，同时他还敏锐地认识到，"解决黄安问题的主要部分不在黄安本身，而在黄安周围。周围如

果有了适当的配合,黄安的革命力量便有胜利的保障了",因此他向中央建议:"建立一个鄂豫皖的苏维埃局面",①并从地理、政治等方面阐述了三个方面的理由。从现有资料来看,这是最早提出建立统一的鄂豫皖苏区的建议。但是随后中共中央在给湖北省委的指示信中,明确否定了这一建议,理由是:"三省党的组织是兄弟党的关系,不应当在其中另有特殊的组织去紊乱其系统,而且在政治上各省有各省的政治环境,……还是应当由各省的省委去做才适宜。"②

中共中央是从维护各省党组织独立性的角度否定这一建议的,但当时的湘赣、湘鄂赣边都已经成立类似的边界特委组织。实际上,在中共中央看来,当时鄂豫皖边界革命仍处于低潮,即使是湖北最好的一个苏维埃区域的黄安,"县委同红军都不在黄安境内,而在离黄安数里之河南光山县境内"。因此,中央建议,"黄安并不需要急急地建立苏维埃政权,而是要把现在所有潜伏的势力努力扩大起来,不仅在黄安要弄得更雄厚,还要向周围各县扩大"。同时,中央也考虑到为了边界工作的方便,同意以"开边界各县的联席会议"的方式来"共同讨论及解决种种问题",但也强调这只是"临时性质"的。③

对于建立统一的鄂豫皖边苏维埃区域的建议,鄂东特委是持积极态度的。早在1928年冬,与豫东南特委举行联席会议时就曾提出来讨论过,希望能够打通由麻城、商城、罗田以东,到安徽英山霍山交界的山脉一带,建立"东由皖英鹤[霍]界大山起一直到西武胜关鄂豫界山脉一条横线的军事割据区域",合组一个鄂豫皖边界特委或组织联合办事处。但在中共中央明确表示不同意

---

① 《曹壮父给中央的报告——黄安的形势,建立鄂豫皖苏维埃的理由(一九二八年十二月十五日)》,载中国工农红军第四方面军战史编辑委员会:《中国工农红军第四方面军战史资料选编》(鄂豫皖时期·上),解放军出版社1993年版,第217、219页。

② 《中央关于根据地与游击战争问题给湖北省委的复示(一九二八年十二月十八日)》,载中国工农红军第四方面军战史编辑委员会:《中国工农红军第四方面军战史资料选编》(鄂豫皖时期·上),解放军出版社1993年版,第221页。

③ 《中央关于根据地与游击战争问题给湖北省委的复示(一九二八年十二月十八日)》,载中国工农红军第四方面军战史编辑委员会:《中国工农红军第四方面军战史资料选编》(鄂豫皖时期·上),解放军出版社1993年版,第220、221页。

建立这种边特党组织的情况下,鄂东特委"企图造成这条山脉的横线的军事割据,是还在继续努力的"①。鄂东特委先后派徐子清、徐其虚、卢玉成等去商南帮助工作,1929 年 2 月还同豫东南特委举行联席会议,共同商议举行商南起义的计划。不久又建立豫东南革命根据地,后又与皖西之六安、霍山、英山的党组织取得了联系。为整合推动鄂东北地区的工作,1929 年 5 月,鄂东特委改组为鄂东北特委,领导黄安、麻城、黄陂、孝感四县县委和红军,还兼管附近京汉铁路沿线地区的工作。

1929 年 4 月,桂系军阀被逐出武汉,蒋介石的势力伸入湖北和河南南部。为消灭鄂豫边的革命势力,蒋介石从 1929 年 6 月开始,向鄂豫边和豫东南革命根据地连续发动了三次"会剿"。在粉碎国民党军的"会剿"过程中,红 31 师和 32 师一度并肩战斗、相互配合,使得黄麻地区与河南的光山、商城、罗田等地连成一片,同时为打破国民党军更大强度的"会剿",客观上也有对该地区的党组织和红军进行统一领导的要求。

1929 年 7 月 21 日,粉碎罗李"会剿"后,鄂东北特委致信中共中央,认为"豫南各地工作不能发动,已发动的地方不能指挥",希望"与英山、霍山、六安、罗田、商城组织鄂豫皖特委会"。② 鄂东北特委的这一建议,中共中央并未直接回复,但在 8 月 20 日给商城县信中还强调"鄂豫皖边界特委组织在目前还不大需要"③。显然中共中央是不同意的。9 月 8 日,鄂东北特委代表何玉琳给中央报告再次提出:"将现在豫南所属商城、光山、罗山划归鄂东北区管

---

① 《鄂东北特委何玉琳给中央的报告——黄麻地区政治、经济、军事状况,组织、宣传、工运、农运工作情况及今后意见(一九二九年五月七日)》,载中国工农红军第四方面军战史编辑委员会:《中国工农红军第四方面军战史资料选编》(鄂豫皖时期·上),解放军出版社 1993 年版,第 239 页。

② 《鄂东北特委关于粉碎罗李"会剿"后的情况给中央的报告(一九二九年七月二十一日)》,载中国工农红军第四方面军战史编辑委员会:《中国工农红军第四方面军战史资料选编》(鄂豫皖时期·上),解放军出版社 1993 年版,第 333 页。

③ 《中央给信阳中心县委并转商城县委信(一九二九年八月二十日)》,载中国工农红军第四方面军战史编辑委员会:《中国工农红军第四方面军战史资料选编》(鄂豫皖时期·上),解放军出版社 1993 年版,第 471 页。

辖,因现在该三县事实上与豫南信阳中心县委的关系极不密切,完全成了脱离的形势,而鄂东北特委直接、间[接]都不断的给以指导和帮助,且对东北特委所指挥的红军的游击路线有重要关系,该三县将为红军经常驻防或游击区域。"①9月24日,中共中央致信豫南特委,决定将鄂东北特委改组为鄂豫边特委,管辖黄安、麻城、罗田、商城、光山、罗山、黄陂、黄冈八县。虽然中央并没有解释设立鄂豫边特委的原因,但是何玉琳在报告中所提出的两点理由还是比较充分的:一是方便军事游击;二是商城、光山、罗山这三点由于交通不便等原因,较少得到豫南党组织的指导,反而与鄂东北特委联系较为密切。

除了这些客观原因之外,中共中央突然同意建立鄂豫边特委,与这一时期在商城发生徐子清、徐其虚被杀的"商城事件"不无关系。徐子清、徐其虚系鄂东北特委派往商南帮助工作,徐子清还以"中共特别区委"书记的名义成功组织领导了商南起义,后徐子清任第32师党代表,徐其虚任参谋长、师委书记。6月11日,鄂东北特委和信阳中心县委决定:商南地区和红32师归商城县委领导。在商城县委来接收时,徐子清、徐其虚欲以组织"鄂豫皖特委边界特委"的名义拒绝移交。最后商城县委以"用特区组织非法名义,反抗联席会议""要把三十二师拉到黄安去"等罪名,杀了徐子清,扣押徐其虚。中共中央派巡视员郭述申和信阳中心县委前往商城解决,其间商城县委竟以"怕逃跑"为名把徐其虚杀害。"商城事件"导致鄂东北特委与豫南组织的关系迅速恶化。据郑位三回忆,这事发生后,"鄂东的同志有戒心,不愿与他们合作",甚至一度见面,"盒子枪都是上着枪膛,简直是鸿门宴一样"②。在"商城事件"调查结论还未出来之前,中央就决定建立鄂豫边特委,不排除有安抚鄂东北特委的意图。

---

① 《何玉琳给中央的报告——鄂东北特区最近以来工作概况(一九二九年九月八日)》,载中国工农红军第四方面军战史编辑委员会:《中国工农红军第四方面军战史资料选编》(鄂豫皖时期·上),解放军出版社1993年版,第366页。

② 《郑位三同志谈话记录(第七次)》,1960年5月19日,湖北省档案馆:GB3。

"商城事件"发生原因还是地方主义在作祟。应该说,地方主义在当时的各根据地中都不同程度地存在。1928 年 11 月,毛泽东还向中共中央报告了井冈山根据地党组织中的地方主义问题:"党在村落中的组织,因居住关系,许多是一姓的党员为一个支部,支部会议简直同时就是家族会议。……说共产党不分国界省界的话,他们不大懂,不分县界、区界、乡界的话,他们也是不大懂得的。各县之间地方主义很重,一县内的各区乃至各乡之间也有很深的地方主义。"①地方主义产生的重要因素,是传统乡村经济方式所决定的,同时也与中共早期革命的动员方式直接相关。在早期"革命下乡"过程中,地方知识精英凭借熟知乡村情势、利用宗族关系等方式把革命火种带入乡村,通过建立地方武装和政权,很容易形成稳固的地方势力,而乡村的固有人情文化、血缘地缘传统也不可避免地融进了革命的洪流。②

地方主义重要表现就是要"分彼此界限",甚至为了保卫地方安全和地方利益,不惜抗拒上级命令。"商城事件"的核心是围绕红 32 师的指挥权。在商城县委看来,红 32 师是地方党组织发展起来的地方部队,理应负有保护商城的责任,不愿意 32 师调往他处,担心"把三十二师拉到黄安去",提出"军队调不调,是要县委的完全同意"。③ 在调查期间,又爆出 8 月间由六安党组织派去学习而被任命为红 32 师党代表的戴抗若,因行军意见的分歧被商城县委

---

① 《毛泽东选集》第一卷,人民出版社 1991 年版,第 74 页。

② 参见龙心刚:《苏区军事化结构与运行机制研究(1927—1937)》,华中师范大学博士学位论文,2014 年。

③ 该事件的全部经过参见《何玉琳给中央的报告——鄂东北特区最近以来工作概况》(1929 年 9 月 8 日)、《商城临时县委关于处置鄂豫皖特区问题给中央的报告》(1929 年 7 月 9 日)、《中央给信阳中心县委并转商城县委信》(1929 年 8 月 20 日)、《中央巡视员郭树勋巡视豫南报告》(1929 年 10 月 22 日)、《郭树勋关于派往商城工作的同志离商经过给中央的报告》(1930 年 1 月 19 日)、《信阳中心县扩大会议决议》(1930 年 2 月 5 日)、《郭树勋巡视河南商城情况给中央的报告》(1930 年 2 月 19 日)、《中央告商城县全体同志书——商城党过去的错误及目前形势下的任务(1930 年 3 月 18 日)》,以上资料均来自于中国工农红军第四方面军战史编辑委员会:《中国工农红军第四方面军战史资料选编》(鄂豫皖时期·上),解放军出版社 1993 年版。另参见中国工农红军第四方面军战史编辑委员会:《中国工农红军第四方面军战史》,解放军出版社 1989 年版,第 47—48、59—61 页。

秘密处决了,这也引起了皖西党组织的不满。①

地方主义既不利于各根据地之间团结,也严重损害了中共中央的权威,特别是对中央认为革命高潮即将到来、要实现"一省或数省首先胜利"的战略有极大的阻碍作用。最初中央对"商城事件"的处理还是较为温和,于 8 月 10 日和 9 月 24 日两次致信豫南党组织,虽然也批评商城县委将徐其虚枪毙"未免过分"②"此项办法殊为不妥"③,但也只是认识方法不当的问题。但到了 1930 年初,中央开始从地方主义的角度对这一事件定性,并严厉批评道:"商城的党完全笼罩在地域的保守观念中,这种观念使你们不愿有新的扩大的发展,使你们拘囿在你们一个狭隘的商城范围中。不愿和外方的革命形势相结合,不愿和全国的革命势力配合起来;你们只想依赖红军,幻想在一个区域的割据。"④此后,为确保"一省或数省首先胜利"革命战略的成功,中央采取了一系列加大外派干部、把红军指挥权收归中央等加强中央权威、消除地方主义、保证政令军令畅通的措施。

鄂豫皖苏区统一的进程也由此加快。1930 年 2 月,中共中央决定组织鄂豫皖边特委,辖区包括鄂东北的黄安、麻城、黄陂、孝感、罗田、黄冈、英山,豫东南的潢川、固始、商城、光山、息县,皖西北的六安、合肥、霍山、寿县、霍邱、颖上等县⑤。

---

① 参见龙心刚:《苏区军事化结构与运行机制研究(1927—1937)》,华中师范大学博士学位论文,2014 年。

② 《中央给信阳中心县委并转商城县委信(一九二九年八月二十日)》,载中国工农红军第四方面军战史编辑委员会:《中国工农红军第四方面军战史资料选编》(鄂豫皖时期·上),解放军出版社 1993 年版,第 470 页。

③ 《中央关于鄂东北特委改组为鄂豫边特委致豫南特委的信(一九二九年九月二十四日)》,载中国工农红军第四方面军战史编辑委员会:《中国工农红军第四方面军战史资料选编》(鄂豫皖时期·上),解放军出版社 1993 年版,第 482 页。

④ 《中央告商城县全体同志书——商城党过去的错误及目前形势下的任务(一九三〇年三月十八日)》,载中国工农红军第四方面军战史编辑委员会:《中国工农红军第四方面军战史资料选编》(鄂豫皖时期·上),解放军出版社 1993 年版,第 495 页。

⑤ 参见《中央关于组织鄂豫皖边特的指示信(一九三〇年二月二十五日)》,载中国工农红军第四方面军战史编辑委员会:《中国工农红军第四方面军战史资料选编》(鄂豫皖时期·上),解放军出版社 1993 年版,第 730 页。

1930 年 3 月,中央又决定把红 31、32、33 师,合编成第 1 军,成立前委,直属中央领导。1930 年 6 月下旬,鄂豫皖边区第一次工农兵代表大会在光山县王家湾召开,成立鄂豫皖边区苏维埃政府。自此统一的鄂豫皖苏区正式形成。

三、鄂豫皖苏区的发展与顿挫

1930 年 10 月,鉴于鄂豫皖三省边境"具有一面可以控制平汉铁路,一面可以截据长江交通,有直接威逼武汉进而与全国红色区域打成一片的前途"的特殊地位,中共中央决定将此区域划为六大根据地之一,鄂豫皖边特委改由苏区中央局直接领导,同时把第 1 军改编为第 4 军,由此前的直属中央改为鄂豫皖边特委领导,并派曾中生作为中共中央代表任鄂豫皖边特委书记①。根据中央的指示,1930 年 12 月,红 1 军与红 15 军合编为红 4 军,旷继勋任军长,余笃三任政治委员。1931 年 1 月,正式成立由曾中生任书记和主席的中共鄂豫皖特委和鄂豫皖革命军事委员会,"使党、军事、政权均树立起统一指挥"②。1931 年 5 月,中央决定成立中共鄂豫皖中央分局和新的鄂豫皖革命军事委员会,张国焘任分局书记兼军委主席。"中央分局完全直隶于中央政治局,其职权系代表中央","以直接领导这一地域的土地革命的开展。"③中央分局的设立,实现了中央对苏区党、政权和军队的集中统一领导,体现了鄂豫皖苏区在中央土地革命战略中的重要地位,鄂豫皖苏区进入了发展的新阶段。

---

① 参见《中央关于贯彻三中全会精神及红一军、红十五军合编为红四军的指示(一九三〇年十月十八日)》,载中国工农红军第四方面军战史编辑委员会:《中国工农红军第四方面军战史资料选编》(鄂豫皖时期·上),解放军出版社 1993 年版,第 7—8 页。

② 《鄂豫皖特委曾中生给中央的报告——特区政治经济形势,反"围剿"斗争,苏维埃运动,土地、军事问题,党务、工运、农运、青运、兵运、财政等情况(一九三一年二月十日)》,载《鄂豫皖革命根据地》编委会:《鄂豫皖革命根据地》(第二册),河南人民出版社 1989 年版,第 173—174 页。

③ 《鄂豫皖中央分局通知第一号——遵照中央政治局决议成立鄂豫皖中央分局(一九三一年五月十六日)》,载《鄂豫皖革命根据地》编委会:《鄂豫皖革命根据地》(第一册),河南人民出版社 1989 年版,第 218 页。

(一)反三次"围剿"斗争的胜利,鄂豫皖苏区步入鼎盛期

中原大战结束后,国民党军对苏区由分散实施的"会剿"转入统一组织的"围剿"。1930年10月,蒋介石纠集10万兵力,由武汉行营主任何成濬指挥,并专设豫鄂皖三省边区绥靖督办公署负责,准备对鄂豫皖苏区进行第一次"围剿",其企图是,第一步以吉鸿昌的第30师、戴民权的新编第25师、张印相的第31师、郭汝栋的第26师对根据地进行南北交击,以范熙绩的第46师一部、潘善斋的新编第5旅,防红军东进,造成"圆箍式"的包围;第二步以主力突入根据地占领集镇,控制要道,寻找红军主力决战;第三步分区"清剿"。①

在国民党军企图进犯之际,红1军于11月间率第1师、第2师在黄陂北姚家集、黄安县城、麻城谢店、黄冈新洲连打四仗,打乱了敌人的总署,迟滞了敌人的进攻。12月1日,红1军东移但店休整,其间鉴于皖西根据地形势危急,遂改变向长江沿岸发展的计划,去皖西、商南寻机歼敌。

12月上旬,国民党调集重兵向鄂豫边根据地发动进攻。由于此时红1军主力已转战商南、皖西,鄂豫边区告急。这时中央特派员曾中生召集紧急会议,决定组建中共鄂豫皖临时特委和临时军委,以统一领导与指挥反"围剿"斗争,制订了"用群众战争的战略战术来牵制、打击、抄击、夜袭敌人,使敌人抑制而不敢冒进与分散"②的斗争策略。会后,以鄂豫边区各县地方武装和红色补充军为基础2万余人,分成三路开展游击战争,对进犯之敌开展广泛的阻击和袭扰。12月中旬,蔡申熙正好带领红15军,到达黄麻地区,在地方武装配合下,一举突入河口镇,接着与敌在七里坪激战两昼夜后转移至外线作战。

---

① 参见中国工农红军第四方面军战史编辑委员会:《中国工农红军第四方面军战史》,解放军出版社1989年版,第109页。

② 《鄂豫皖特委曾中生给中央的报告——特区政治经济形势,反"围剿"斗争,苏维埃运动,土地、军事问题,党务、工运、农运、青运、兵运、财政等情况(一九三一年二月十日)》,载《鄂豫皖革命根据地》编委会:《鄂豫皖革命根据地》(第二册),河南人民出版社1989年版,第174页。

而此时,红1军在皖西连克金家寨、麻埠、独山、叶家集、苏家埠、韩摆渡等地,国民党军遂抽调南面"围剿"部队东援,鄂豫边区恢复敌占城镇、我占乡村的局面。

此后,红1军与红15军在长竹园会合,根据中央指示,在麻城县福田河合编为红4军,军长旷继勋,政治委员余笃三,共1.2万余人。部队合编后,红军主力大大加强,随即转入反攻作战,先后取得磨角楼战斗、新集战斗和双桥镇战斗的胜利,活捉敌第34师师长岳维峻,遂彻底粉碎了国民党军对鄂豫皖苏区与红军的第一次"围剿"。主力红军和地方武装在这次反"围剿"中得到了发展壮大,整个鄂豫皖苏区达到了一百余万,红4军发展到1.5万余人。

1931年3月中旬,蒋介石又开始部署第二次"围剿",并将兵力增加至近13万人,采取"追堵兼施"的战术,计划先合击新集、七里坪,再向皖西合围。年4月上旬,皖西之敌乘红4军正在豫南之机,纠集7个团侵入独山、诸佛庵、麻埠,并伺机进攻金家寨。中共鄂豫皖特委当即调集红4军主力首先打击深入皖西之敌。25日,红4军主力经过4小时激战攻克独山,歼敌二千余人,击退东线堵击部队,皖西被占村镇陆续恢复。后又迅速西进,于5月9日在新集以北浒湾歼敌一千余人,击退北线堵击部队。此后,红4军南进黄安,先后在桃花、十里铺歼敌一部,迫使南线之敌龟缩于少数据点。至此,粉碎国民党军的第二次"围剿"。在第二次反"围剿"斗争中,红4军发展到4个师、近2万人,根据地也进一步扩大,全区人口达170万人。

1931年11月上旬,国民党企图对鄂豫皖苏区进行第三次"围剿"。由于九一八事变后民族矛盾上升,激起了全国高涨的抗日反蒋浪潮,国民党内部各派矛盾加剧,致使"围剿"行动迟迟未能实施。为打破国民党军的"围剿",鄂豫皖革命军事委员会决定,主动向国民党军进攻。为了实现这一战略目的,1931年11月7日,红4军与红25军在黄安七里坪合编为中国工农红军第四方面军,由徐向前任总指挥,陈昌浩任政治委员,共计3万余人,还在苏区各县广泛成立赤卫军、组建独立团,发展群众武装。

从 1931 年 11 月至 1932 年 6 月，红四方面军在地方武装参战和广大群众支援下，连续进行了黄安、商潢、苏家埠、潢光等四次外线进攻战役，共歼敌约 6 万人，成建制歼敌约 40 个团。经过四大战役，主力红军发展到 2 个军 6 个师，还组建了 4 个独立师和少共国际团，总兵力达 45000 余人。各县独立团、游击队、赤卫军等地方武装发展到 20 万人以上。同时，根据地猛烈扩大，东起舒城附近，南到黄梅、广济，西跨平汉铁路，北濒淮河，面积达 4 万余平方公里，人口 350 万，拥有黄安、商城、霍邱、英山、罗田五座县城，建立起 26 个县的革命政权。鄂豫皖苏区进入全盛时期。

（二）第四次反"围剿"斗争失败，红四方面军西征

鄂豫皖苏区的不断巩固壮大，形成了西控京汉路，南断长江，威胁武汉、南京的战略态势。1932 年 5 月，蒋介石亲任鄂豫皖三省"剿匪"总司令，部署第四次"围剿"。6 月，国民党纠集 24 个师另 6 个旅 30 余万人"围剿"鄂豫皖苏区，其中蒋之嫡系占了三分之一，企图以中路军 6 个纵队向红安、七里坪、新集等要地进逼，右路军 3 个纵队从东面进犯皖西，再由北而南，将红军主力压迫于英山以南之长江沿岸而歼灭之，并采取"纵深配备，并列推进，步步为营，边进边剿"的战术，鄂豫皖苏区面临着严重的军事压力。

但是中央分局领导没有认识到这次国民党军"围剿"的困难程度，仍盲目乐观于四大进攻战役的胜利，没有采纳红四方面军总指挥徐向前、政治委员陈昌浩关于将主力转入内线休整、认真准备反"围剿"的正确建议，坚持要红军实施不停顿的进攻，实施出击平汉线，南下夺取麻城、威逼武汉的冒险战略。

从 7 月初开始，红四方面军主力用了将近 1 个月的时间围攻麻城，虽然取得不少胜利，但主力部队不仅未能打乱敌之部署，反而受敌牵制。其间敌主力分别是从北、东、西三线迫近根据中心区域，七里坪、红安等要地情况危急，在此严重形势下，8 月中旬张国焘被迫决定撤麻城之围，回师红安迎击敌军，在冯受二、七里坪等地与超过红军 6 倍之多的敌军激战，虽然杀伤敌军 5000 余

人,红军自身也受到较大的伤亡和消耗。之后部队转战豫东南和皖西地区作战数月仍未能摆脱被动局面。10 月 10 日,中央分局在红安县黄柴畈召开紧急会议,张国焘提出红军向外线转移。会后,中央分局和方面军总部,率方面军主力 2 万余人,越过京汉铁路向西转移。国民党军发觉后,立即调集重兵进行追堵,方面军主力未能摆脱被动局面,待机打回根据地的计划无法实施,不得不向西北转移。从此,红四方面军离开浴血战斗多年的鄂豫皖苏区,被迫进行战略转移,踏上新的革命征程。第四次反"围剿"斗争遂告失败。

鄂豫皖苏区第四次反"围剿"失败的原因是多方面的,在 1945 年的延安时期,徐向前、倪志亮进行过总结,分析了以下几个原因:一是中央分局领导对形势做了错误的估计,被第三次反"围剿"斗争的胜利冲昏头脑,认为国民党已是"偏师",并趋于崩溃,因而没有对第四次反"围剿"斗争作充分准备;二是战略战术上存在重大失误,在明显敌强我弱的情况下,仍然实施"不停顿进攻"的冒险战略,并在麻城、七里坪等地与敌硬碰硬,而没有充分利用内线群众基础好、地形熟悉等特点,实施诱敌深入、集中优势兵力而歼敌的作战策略;三是"肃反"的影响,在鸡鸣河会议后,张国焘在白雀园进行了大规模的"肃反",周维炯、许继慎、徐朋人、王秀松等一大批优秀的军队指战员和地方党政干部被错误杀害,严重削弱了部队战斗力,"造成了恐怖情绪,损伤了自己的元气"[①]。

除了上述原因,近些年来也有学者从整体史、社会史等角度对各苏区相继失败的原因进行探讨,而不再单纯局限于中共军事策略错误的讨论,比如有学者从国共双方的互动上认识中央苏区第五次反"围剿"失败的原因,认为国民党政府的统治日趋稳定,势必加强对中心区域的控制,红军及苏区的生存则日益艰难,同时中共军事政策的制定和实施也受到国共力量对比等多种因素的

---

① 　徐向前、倪志亮:《鄂豫皖苏区红军的历史(一九三〇年春——一九三二年秋)》(1945年),载中国工农红军第四方面军战史编辑委员会:《中国工农红军第四方面军战史资料选编》(鄂豫皖时期·上),解放军出版社 1993 年版,第 42—44 页。

制约,从运动战到防御战的转变也不仅仅出自中央军事决策者的主观意志。①其实,当年中央苏区遇到的困境,鄂豫皖苏区也是存在的。从地理位置上讲,鄂豫皖苏区比中央苏区对国民党政权的威胁更大,而且京汉线、长江环峙,交通便利,更利于国民党军的兵力调配,实施合箍式"围剿"。从苏区经济条件来讲,鄂豫皖苏区比中央苏区内部回旋的空间小,且多山地少良田,人口不多,资源相对更为有限,由于内线作战对于兵员补充、物质消耗、生产生活影响巨大,很难支撑起长时期大规模的战争。徐向前在回顾红四方面军撤出鄂豫皖苏区时也曾指出:"我们由于'左'的错误政策,把苏区搞的民穷财尽,人力物力都没有了。农村开个会,你看主要是妇女,男的都当红军去了。"②因此,对鄂豫皖苏区第四次反"围剿"斗争失败原因的探讨,还可放宽历史的视野,从多角度进行观察。

(三)鄂豫皖边区军民保卫苏区的英勇斗争,红25军战略转移

红四方面军主力西撤之后,蒋介石继续对鄂豫皖苏区进行"围剿"。由于缺乏主力部队,根据地大部丧失,只留下鄂豫边、皖豫边互相隔绝的两个地区。在严重困难面前,1932年11月29日,中共鄂豫皖省委在红安县檀树岗召开最高军事会议,决定独立坚持斗争,重建红25军,由吴焕先担任军长、王平章任政治委员,全军约7000人。不久又组建了红28军,军长廖荣坤,政治委员王平章,共约3000人。这两支部队的成立使根据地斗争分散的力量又重新集中起来。红25军和红28军在地方武装的配合下,分战于东西两线,多次挫败敌人的"清剿"计划,初步稳定了鄂豫皖根据地的局面。

1933年夏,蒋介石任刘镇华为豫鄂皖三省边区"剿匪"总司令,纠集10万余人,对鄂豫皖边根据地发动新的进攻,将进攻重点放在鄂东北。对于这次进

---

① 参见黄道炫:《张力与限界:中央苏区的革命(1933~1934)》,社会科学文献出版社2011年版。

② 《徐向前同志谈话记录》(1982年8月14日),麻城市党史办藏:C4-02-11。

攻,鄂豫皖省委认为敌人只是为了破坏苏区秋收,因而采取内线单纯防御的作战指导方针。经过2个月的作战,终因敌我力量悬殊,主力红军被迫于8月底向皖西撤离。之后,刘镇华向皖西北中心区进犯,企图合围红军。对此,鄂豫皖省委依然采取内线单纯防御的作战方针,命令红军主力实行分兵抵御,虽杀伤不少敌人,但未能阻止敌人攻势,导致皖西北中心区保卫战失败。

1934年10月,省委吸取鄂东北和皖西北保卫战失败的教训,斗争方式开始由单纯内线防御作战转为积极向外线游击作战转变。红25军和重组后的红28军分别在鄂东北、皖西北积极开展外线游击,并不断取得胜利,形势开始向好,根据地有所恢复。

1934年2月,蒋介石又纠集80个团的兵力,对鄂豫皖根据地开始新一轮的"围剿"。为集中力量打破"围剿",4月16日红25军与红28军在立煌县豹迹岩会师,两军合编为红25军,军长徐海东,政治委员吴焕先,共3000余人,同时省委还决定将皖西北第三路游击师和红28军一部改编为新的82师,共1000余人,在皖西北道委领导下坚持斗争。4月下旬,省委接连两次召开常委会议,具体部署反"围剿"斗争。随后红25军在地方武装的配合下,取得多次反"围剿"斗争的胜利,但由于敌我力量悬殊,根据地遭到严重破坏,被分割和压缩成几小块,总的形势仍然十分严重。

1934年11月上旬,中共鄂豫皖省委在光山县花山寨召开会议,根据中共中央的指示精神和中央特派员程子华传达中央军委副主席周恩来的指示,会议鉴于敌我力量悬殊、根据地人力物力遭受严重摧残,总体困难的形势一时难以根本改变,遂决定省委立即率红25军以"中国工农红军北上抗日第二先遣队"的名义实行战略转移,留下部分武装重建红28军坚持鄂豫皖边区斗争。11月16日,红25军从罗山县何家冲出发,开始长征。①

从此,鄂豫皖根据地进入了艰苦卓绝的三年游击战争时期。

---

① 参见《鄂豫皖革命根据地》编委会:《鄂豫皖革命根据地》(第一册),河南人民出版社1989年版,第174页。

第二章 鄂豫皖边游击战争的
初步展开

在主力部队长征后,赣粤边、闽赣边、闽西等原属中央苏区的游击区的斗争方式都经历了一个由苏区方式向游击方式的转变,这个转变过程是付出了很大的牺牲才得以实现的。相较而言,鄂豫皖边的游击斗争并没有经历这样一个转变方式,这主要是由于早在1933年11月,中共鄂豫皖省委在斗争中就认识到,必须转变过去的军事斗争方针,"只能及时采取游击战的方式来箝制敌人,消灭敌人,以恢复和巩固根据地"[1],并坚持了一年多的游击战争。因此,在红25军转移之后,留守的党组织和武装力量很快适应形势变化,坚持用游击作战的方式与国民党军周旋,避免了因主力部队突然转移而遭到的重大损失,为重组党的组织和主力部队重建争取了时间,为在艰苦的游击岁月里坚持长期斗争提供了有益的经验。

---

① 《中共鄂豫皖省委给中共中央的报告——秋收经过及苏区现状》,载《鄂豫皖革命根据地》编委会:《鄂豫皖革命根据地》(第二册),河南人民出版社1989年版,第311页。

一、红 25 军转移后鄂豫皖边区面临的斗争形势

（一）边区的革命基础

1. 根据地情况

鄂豫皖苏区的形成经历了一个从鄂东北、豫东南、皖西北三块根据地各自发展再到逐步统一的过程,到 1932 年 6 月黄安、商潢、苏家埠、潢光四大进攻战役取得胜利时,根据地规模已经发展到东起淠河、西迄京汉线、北抵淮河、南濒长江,横跨鄂豫皖边 45 个县,面积 4 万余平方公里,人口 350 万的极盛局面。但随着第四次反"围剿"的失败,红四方面军被迫西撤后,在国民党军疯狂进攻和摧残下,六分之五以上的根据地面积丧失,在鄂东北地区,只剩下黄安的紫云区、七里区和仙居区的部分边沿地带,麻城的乘马区、顺河区,陂孝北等县的一小部分;在豫东南,只有光山的东区和南区、八里区的一小部分,罗山的宣化区和赤城、赤南的一部分;在皖西北地区,仅剩六安的六区(金家寨)和三区(龙门冲)的一部分。鄂豫皖革命根据地原来拥有的红安、商城、英山、霍丘等县的县城全部被国民党占领。根据地的中心市镇,如新集、七里坪、金家寨、麻埠、独山、诸佛庵、燕河、宣化店、八里湾、河口、叶集、张店等全部沦陷,以及交通要道都为国民党统治所控制,保存下来的部分根据地处在国民党军的四面包围之中。此后,经过红 25 军的英勇斗争,根据地形势一度得到好转。但国民党军发动第五次"围剿"后,根据地形势遭到进一步恶化。

1934 年 11 月红 25 军实行战略转移后,根据地受到了更为严重的摧残,被分割和压缩成几小块,各自处于分散隔绝的状态。在鄂东北地区,只有 4 小块苏区,分别是:老苏区,位于湖北省黄安县、礼山县(今大悟县)和河南省罗山县、经扶县(今新县)交界地区的老君山、天台山、凌云寺、烧香尖、三角山之

间的一带山区;新苏区,位于礼山县和罗山县交界的大小鸡笼山、何家寨、韭菜崖之间的一带山区;光麻苏区,包括位于经扶县以东的晒谷石、周河、东高山、西高山一带山区和经扶县以西的四面山、上棋盘、帽云山、黑石寨之间以金南山为中心的一带山区(俗称莲塘山)等两块苏区;红安苏区,位于黄安县北部的光宇山、太平寨、羚羊山、莲花背、鸡公寨一带山区。①

在皖西北苏区,仅赤南、赤城、六安、霍山等尚存小块苏区,其中赤城苏区,位于商城县的苏仙石、固始县的杨山和立煌县(今金寨县)的熊家河、杨家滩、金家园子、双河山、皂靴河之间,是一块从南到约北 70 余里长的山区,有 3 个区、8 个乡;赤南苏区,位于立煌县的岗家山、小河、火炮岭、银沙畈、西河桥、胭脂、麦园、吴家店、班竹园之间,南北约七八十里、东西约三四十里,有 4 个区;六安县三区,位于六安县的龙门冲和霍山县的诸佛庵、石家河之间;六安县六区,位于立煌县的红旗山(洪家大山)、界岭、古碑冲之间,是一块约一二十里的山区;霍山县六区,位于霍山县的团山、燕子河、白莲涧、董家河一带。这些苏区最大的南北长只有六七十里,东西长也不过四五十里。②

2. 党组织基础

在鄂豫皖苏区统一之前,鄂东北、豫东南、皖西北根据地的工作由各自特委或中心县委领导,分别隶属各省委领导。后随着根据地统一进程的迅速推进,边界党组织的整合也逐步加快。先是 1929 年 11 月正式成立中共鄂豫边特委,管辖黄安、麻城、罗田、黄陂、商城、黄山、罗山、黄冈等 8 个县委,初步统一鄂豫边界根据地的领导,至 1930 年 2 月,中共中央决定成立中共鄂豫皖边

---

① 参见《鄂东北苏区坚持三年游击战争的基本情况》,载中国工农红军第二十八军战史编委会:《中国工农红军第二十八军坚持鄂豫皖边区三年游击战争史资料选编》,内部,1982 年 12 月,第 8 页。

② 参见《皖西北苏区坚持三年游击战争的基本情况》,载中国工农红军第二十八军战史编委会:《中国工农红军第二十八军坚持鄂豫皖边区三年游击战争史资料选编》,内部,1982 年 12 月,第 48—49 页。

特委,管辖黄安、麻城、黄陂、孝感、罗田、黄冈、六安、英山、合肥、霍山、寿县、霍邱、颖上、潢川、固始、商城、光山、息县等18个县委,隶属于中共湖北省委的领导①,实现了鄂豫皖边界地区党组织的统一领导。1930年10月,中共中央决定中共鄂豫皖边特委直属苏区中央局指挥。1931年5月成立中共鄂豫皖中央分局,撤销鄂豫皖边特委。1932年1月,成立中共鄂豫皖省委,省委下辖鄂东北、豫东南、皖西北三个特委(后改为道委)。1932年10月,中共鄂豫皖中央分局随红四方面军一道转移后,由中共鄂豫皖省委统一领导根据地斗争。11月,鄂豫皖省委决定撤销豫东南道委,其所属各县分别划归中共鄂东北道委和中共皖西北道委领导。

1934年11月中共鄂豫皖省委率领红25军转移后,留在鄂豫皖边区的领导机关只有中共鄂东北道委会和皖西北道委会,省委常委仅皖西北道委书记高敬亭1人。鄂东北道委辖有红安、麻城、黄陂、孝感、信阳、罗山、光山、潢川等县,当时仅剩罗陂孝特委(辖河口县委、陂孝北县委、罗山县委)、光山县委、红安县委、麻城县委和新集县委。此外,还有一些地下党和秘密联络点,分布在信阳和平汉铁路沿线,在宣化店以东的老苏区和敌占区的交界处,设有一个交通站,负责和这些地下党、秘密联络点进行联系。皖西北道委管辖的有霍山、霍丘、六安、英山、潜山、太湖、桐城、舒城、宿松、商城、固始、罗田、浠水、蕲春等县,下属的党组织仅有赤城县委、赤南县委、六安县三区区委、六安县六区区委、霍山县六区区委。由于国民党军的"清剿",党的基层组织遭到严重摧残和破坏,许多区、乡一级的党组织既无存身之所,又无工作条件。②

---

① 参见《中央关于组织鄂豫皖边特的指示信(一九三〇年二月二十五日)》,载中国工农红军第四方面军战史编辑委员会:《中国工农红军第四方面军战史资料选编》(鄂豫皖时期·上),解放军出版社1993年版,第730页。

② 参见《皖西北苏区坚持三年游击战争的基本情况》,载中国工农红军第二十八军战史编委会:《中国工农红军第二十八军坚持鄂豫皖边区三年游击战争史资料选编》,内部,1982年12月,第55—58页。

3.武装力量基础

在红25军转移后,根据地已经没有主力红军,只留有部分地方武装。鄂东北道委所属武装有罗山教导营、光山独立团一个营、光西战斗营和交通队、武装工作便衣队等,此外鄂东北红军医院还收容红军伤病员200余人,包括领导机关、武装部队和红军伤病员在内总计1500余人。① 皖西北道委所属部队主要有:道委机关及警卫队200余人、一路游击师200余人、二路游击师200余人、三路游击师170余人、二区游击队(后改为商北大队)100余人、银沙畈战斗营,以及少数游击队和便衣队等,另有红82师700余人,及红25军留下的经理部苦工队90余人、2个战斗连100余人及70余名红军伤病员,加上地方机关、红军部队及地方武装2000余人。②

(二)国民党军的"清剿"计划

红25军转移后,国民党军共18个团尾追西去,留在鄂豫皖边区还有56个团及一些军、师属的营连,并将原来的6个"驻剿区"和1个"护路区",改为4个"驻剿区"和1个"护路区"。

第一"驻剿"区,由25路军梁冠英负责,指挥部驻罗田县,辖32师、独立第5旅和暂归25路军指挥的106师。32师战斗力较强,装备亦佳,善追击,为该"驻剿"区进行"清剿"的主力。其兵力基本上都部署在皖鄂两省边界地区的皖西北根据地周围,分为6个"清剿"区。

第二"驻剿"区,由东北军王以哲的67军负责,军部驻潢川县,辖107师、117师、129师和骑兵第3师、第6师,以及暂归67军指挥的108师,下分8个

① 参见谭克绳等主编:《鄂豫皖革命根据地斗争史简编》,解放军出版社1987年版,第482页。

② 参见《皖西北苏区坚持三年游击战争的基本情况》,载中国工农红军第二十八军战史编委会:《中国工农红军第二十八军坚持鄂豫皖边区三年游击战争史资料选编》,内部,1982年12月,第59—67页。

"清剿"区。其兵力基本上都部署在豫南的息县、罗山、潢川、光山、经扶、商城、固始一带。该部装备优良,善于防守,不善游击。

第三"驻剿"区,由东北军何柱国的57军负责,军部驻黄安县,辖109师、111师、120师和暂归57军指挥的105师2旅。其兵力基本上都部署在鄂东北根据地周围,是"清剿"鄂东北共产党组织和红军游击队的主要力量。

第四"驻剿"区,由11路军刘茂恩负责,指挥部驻霍山县,辖15军独立团、64师190旅、65师194旅(缺388团)和暂归11路军指挥的独立40旅。15军独立团驻诸佛庵,负责霍山至流波疃的碉堡线,190旅驻立煌(金家寨)及胡店,担任立煌至关山河之碉堡线;64工兵营驻麻埠,65辎重营驻独山及苏家埠,独立40旅驻杨家滩,担任关山河、开顺街的碉堡线。其中194旅为"追剿"部队。

罗山、李家湾、朝阳洼、丁家榜、黄陂站以西区域,为护路区。112师634团驻信阳县东双河带,105师骑兵团驻鸡公山。

除上述正规部队外,鄂豫皖边区有10多个保安团,还有商城顾敬之,光山易本应,麻城郑其玉、柯少垣,霍山黄英等反动民团3800余人。

国民党军企图彻底消灭根据地革命力量,采取军事与政治相结合的方针,主要的"清剿"手段包括:

第一,构筑碉堡网,限制红军游击队活动范围。第五次"围剿"开始后,国民党军就开始采取所谓"步步为营之法,作稳打稳扎之图"的方针,其中一个重要措施就是修筑碉堡网络。1934年8月,蒋介石、张学良就以豫鄂皖三省剿匪总司令部的名义给湖北省政府主席张群发布命令,要求在"三个月以内,筑成碉堡地带","以五里店、三里城、小河溪及潢川、沙窝、麻城两线最关重要",重要村镇、山岭隘口,"设容量较大之营连碉堡",相对次要地点"筑排碉",同时还规定了碉堡数量、密度"以能节呆兵增活兵,并互相通视火制为要着",碉堡地带的宽度"以约十米达为谱"。为确保任务完成,还设置了构筑碉堡地带分配表及注意事项,并专门派专员"分赴各处严密督察","倘有因循敷衍,一经查出从严惩处,决不宽贷"①。到1934年11月红25军转移时,各地区碉堡地带基本构筑起来,在鄂东北地区,构筑了"前后交错,俾有相当纵深"的东西及南北碉堡主要干线及补助干线4条,并且还在营碉与连(排)碉间筑有连络碉,"以使两碉堡间可以火力封锁,碉堡外并扫清射界,附以围墙、障碍物等"②。皖西地区建有碉堡、碉寨2万余座,还"严令督促"未完成的4000余座"限于一个月"全部完成。③

第二,实行严密封锁,防止人民群众支援红军游击队。为断绝鄂豫皖边区军民的经济来源,国民党政府早在1932年11月就对苏区进行经济封锁,明确对谷、甘薯、家畜、盐、包谷、豆等食物类,米、铜、汽油、棉花、白铅、硝磺、煤炭、电料等军用原料类,以及中西药品等卫生材料诊疗所需之材实行严密封锁,对米、面、食盐、煤油等物资限量出售,以防人民群众多购这类物资后偷运给根据地的军民。红25军转移后,国民党军不仅没有放松封锁,反而加大封锁力度,重要路段设置两条封锁线,第一线为检查线,第二线为没收线,凡通过第一封锁线之任何人、任何物资,经检查后确实认为无通匪济匪之嫌疑者,方准通过,否则禁止通行。通过第二封锁线之任何人员、任何物资,除检查有特别任务,并持有特证者,准予通过外,其余一律绝对禁止通过。同时,还严格限制群众的活动,规定在封锁区"凡遇有形迹可疑之人,无论何时何地,纠查随时检查","闲杂人等之逗留及徘徊观望者,即行捕获讯惩","对于既设工事及

---

① 《豫鄂皖三省剿匪总司令部训令参字第534号令》(1934年8月4日),湖北省档案馆敌伪档案全字号1案卷号3188。

② 《陆军第五十七军对陂孝礼边界之散匪清剿计划及地方善后办法方案》,载中国工农红军第二十八军战史编委会:《中国工农红军第二十八军坚持鄂豫皖边区三年游击战争史资料选编》,内部,1982年12月,第248页。

③ 参见《伪安徽省政府行政报告——考核各县建筑碉寨情形》,载中国工农红军第二十八军战史编委会:《中国工农红军第二十八军坚持鄂豫皖边区三年游击战争史资料选编》,内部,1982年12月,第286—287页。

修长中之工事,有意窥探及毁坏者,即行逮捕"。① 国民党还继续移民并村,实行保甲制度,清查户口,实行"户籍连坐法",并要求"强迫实行,绝匪根株,以除后患"。②

第三,采取堵剿、驻剿与追剿相结合的"清剿"手段。具体策略是,"决追堵兼施,合围兜剿,以追剿部队将匪压迫于堵剿或驻剿部队防线附近,一鼓而歼灭之。"要求追剿部队"务须轻装","不分区域,不拘地形,不分昼夜,跟踪穷追",堵剿及驻剿部队的任务是"肃清潜匪""制限匪之流窜",以及"协力于追剿部队将匪歼灭",还派随军参谋、军法、探兵等人员保持各部队的联络及进行监督。为"最小限度能防匪窜或复燃",搜剿部队每扫荡一区,就由各县团队及区公所跟进至指定地点,"分组分区按户清查户籍,屯粮筑碉"。③

国民党军的"清剿"意图很明显,就是要军事与政治并重,步步为营,逐步推进,从政治上、经济上隔绝红军游击队与人民群众的联系,断绝经济来源,破坏生存条件,缩小活动区域,最后用军事力量消灭之。这给鄂豫皖边军民坚持革命斗争带来了极大的困难,鄂豫皖边区的革命形势面临极为严峻的挑战。

二、重组鄂东北党组织和地方武装,游击战争初步展开

1934 年 11 月 11 日,中共鄂豫皖省委在河南光山花山寨召开第 14 次常委

---

① 《国民党军第六十七军王以哲部与鄂豫皖边区红军游击队战斗报告书》(1934 年 12 月),载中国第二历史档案馆编:《中华民国史档案资料汇编》第五辑第一编军事(三),凤凰出版社 1994 年版,第 436 页。

② 《陆军第五十七军对陂孝礼边界之散匪清剿计划及地方善后办法方案》,载中国工农红军第二十八军战史编委会:《中国工农红军第二十八军坚持鄂豫皖边区三年游击战争史资料选编》,内部,1982 年 12 月,第 242 页。

③ 《陆军第五十七军对陂孝礼边界之散匪清剿计划及地方善后办法方案》,载中国工农红军第二十八军战史编委会:《中国工农红军第二十八军坚持鄂豫皖边区三年游击战争史资料选编》,内部,1982 年 12 月,第 242 页。

会,根据党中央的指示,决定集中大部分地方武装和一部分干部随同省委、红25军暂离开原有苏区,过平汉路西,为创造新苏区根据地而斗争。① 会议同时决定,由留下来的省委常委、皖西北道委书记高敬亭组织鄂豫皖边区党的新领导机构,并以82师和地方武装为基础,再次组建红28军,继续坚持鄂豫皖边区的武装斗争。② 在红25军转移前夕,中共鄂豫皖省委领导还专门交代罗陂孝特委书记徐诚基和副书记何耀榜,指示部队转移后要以王福明为核心重组鄂东北道委,强调要组织几百支枪作为机动部队与便衣队配合活动开展游击,同时还让他们派人去皖西向高敬亭传达省委常委会花山寨会议精神。

在鄂豫皖省委和红25军离开鄂豫皖边区的第二天,即1934年11月17日,鄂东北道委在罗山四区的金竹林止止洞主持召开会议,根据中共鄂豫皖省委指示,重新组建中共鄂东北道委,道委常委有王福明、徐诚基、何耀榜、吴光陆、罗厚福五人,王福明同志任道委书记。罗陂孝特委(辖河口县委、陂孝北县委、罗山县委)领导作了调整,由徐诚基任书记,何耀榜为第一副主记,吴光陆为第二书记,光山县委、红安县委、麻城县委和新集县委等原有的组织不变。会议还针对当前的形势,做出四项决定:一是把部队和干部分散到敌人的"心脏"里去,组成便衣队与敌乡保长进行斗争,争取一部分乡保长,使他们中立,以期尽快在群众中建立立足点,发展革命力量;二是组织力量牵制敌人,策应红25军顺利转移;三是尽一切努力安置红军留下的几百名伤病员,保存好革命的种子;四是尽快恢复建立起各级党组织。③ 这次会议,为鄂东北地区坚持游击战争作了思想动员和组织准备,揭开了鄂东北地区坚持游击战争的序幕。

根据会议精神,1934年11月底,鄂东北道委将罗山教导营、光西战斗营、鄂东北独立团留下的30余人、部分伤愈的红军战士和要求参加红军的群众,

---

① 参见《中共鄂豫皖省委关于创造新苏区新的革命根据地的决议草案》,载《鄂豫皖革命根据地》编委会:《鄂豫皖革命根据地》(第二册),河南人民出版社1989年版,第311页。

② 参见《程子华回忆录》,解放军出版社1987年版,第72页。

③ 参见何耀榜:《大别山上红旗飘》,载中国人民解放军历史资料丛书编审委员会:《南方三年游击战争·鄂豫皖边游击区》,解放军出版社1992年版,第293—294页。

组成鄂东北独立团,团长熊先春(后为陈守信),政委徐诚基,全团300余人,作为坚持游击斗争的核心武装力量。

此时负责"清剿"鄂东北地区主要是王以哲的67军和何柱国的57军,两支部队都是东北军。其中57军由西向东进剿,"先肃清陂孝礼三省边界之散匪",再移师老君山、天台山、仰天窝、大小门坎山等鄂东北道委主要活动地区,采取"派队搜剿"和"筑碉屯粮"相结合的手段,限制红军游击队的活动区域,以图一举歼灭。67军主要在豫南一带活动,分8区进行"清剿",以严密封锁和"清乡"为主。国民党军占领了鄂东北地区主要的集镇和交通要道,并对乡村和群众进行了残酷的扫荡和迫害,"严密搜查""放火烧山","遇有通匪嫌疑者,须严分处断之",甚至强调"牺牲少数无妨"。①

针对国民党军的部署和严峻的斗争形势,鄂东北道委以保存革命力量为基本原则,所属各级党组织以便衣队的形式分散活动,领导地方武装积极开展游击战争。对于国民党正规军的"清剿",由于与其实力差距过分悬殊,鄂东北道委和独立团主要以保存实力为主,不与其正面交锋,利用熟悉地理民情的优势,在鄂豫边境的深山密林中与之周旋,转圈子,以疲敌扰敌,待机歼敌。12月初,国民党何柱国部开始实施"清剿"计划,命令所属111师向大悟山进行分区搜剿。国民党军向大悟山逼近时,鄂东北独立团决定避其锋芒,分散部队先后突破敌人封锁,离开大悟山转至新苏区。后111师又向东"进剿"老君山、天台山、仰天窝一带的老苏区。各游击部队发挥灵活机动的游击战术,利用山林密布、石洞较多的特点奔走躲藏、巧妙周旋,使敌处处扑空。12月下旬,何柱国命令111、109、120三个师全部出动向老苏区、光麻和红军根据地大举进攻,以完成蒋介石要求年底"彻底肃清"根据地的期限。面对国民党军大规模集中兵力"追剿",鄂东北独立团在山区开展活动日益困难。鄂东北道委

决定由中共鄂东北少共道委书记方永乐率领独立团转移到皖西去找高敬亭,传达省委指示并讨论皖西与鄂东北两个道委的统一组织领导问题。随后,方永乐率独立团从经扶县茅草尖出发前往皖西。

地主武装是红军游击队重点打击的对象。地主武装主要是地方民团组织,他们熟悉当地地形,非常仇视革命群众,对苏区军民的报复心极为激烈,对党的组织和地方武装的破坏性极大,但相对国民党正规军而言,地方民团、各县保安队战斗力明显较弱,容易打击,且打击地主武装还对一般群众有很大的鼓舞作用。1935年1月19日,由鄂东北道委第二次组建鄂东北独立团奔袭礼山县二郎店,全歼民团段绪志1个中队,缴枪100多支和大批物资。29日,配合罗陂孝特委便衣队,由群众作内应,一举攻破号称"九里十八寨"总寨的香炉寺,消灭地主武装40余人,缴枪50余支,活捉联保主任陈中良,并缴获大批粮食、布匹、食盐等物资。这几次战斗打击了反动地主武装的嚣张气焰,增强了广大人民群众的斗争信心,开始主动支持红军游击队,给红军游击队递情报、打掩护、送物质,党和苏维埃政府在这一带工作得以开展。

与此同时,鄂东北道委还从斗争的实际出发,认识到要获得更大的游击空间,必须争取保甲长给红军游击队的活动提供方便或保持中立。因为在乡村社会,无论是国民党政府,还是大地主,他们并不直接同农民打交道,主要依靠联保主任、保长来管理乡村民众。乡间保甲长多有被迫充当的,与革命者都是邻里乡亲,对革命也多有同情或中立,何柱国就感到"举凡乡长、区长等,……每逢军队进剿将到,即行隐藏或避他处不见,……致军队情况不明,徒劳往返"[①]。争取到这些乡间管理者,对于扩大红军游击队活动空间是非常有帮助的。比如,在这期间,鄂东北道委派何耀榜和罗山县委书记张家胜化装到国民党重兵驻守的宣化店,争取保甲长,巧施反间计,救出了关在宣化店监

---

① 《陆军第五十七军对陂孝礼边界之散匪清剿计划及地方善后办法方案》,载中国工农红军第二十八军战史编辑委员会:《中国工农红军第二十八军坚持鄂豫皖边区三年游击战争史资料选编》,内部,1982年12月,第241页。

狱里的 200 多名群众。①

1935 年 2 月中旬,鄂东北国民党军队调整部署后,发动新一轮的"清剿",加修碉堡、炮楼,在公路设立多层封锁线,以最大的兵力搜山,同时还组织了许多便衣侦察队,探山沟、钻山洞。由于国民党的"驻剿"、封锁,再加上饥寒交迫,无法开展工作,给红军游击队造成了困难。何耀榜后来回忆说:"这是最艰苦、最难忍受的时候,雪山上没有住的地方,没有衣服、没有粮食,连仅有的几根火柴也用完了。"②2 月下旬,由于叛徒詹以景的出卖,隐蔽在凌云寺的道委书记王福明不幸被捕,后遭杀害,由光山县委书记芦丛珠接任道委书记。3 月上旬,鄂东北道委机关及特务营(由高山庙地区的便衣队和轻伤员及部分群众组成)和独立团虽然被国民党军多次围困,但都在相互支援中得以突围,积极活动于各苏区之间,避敌锋芒,寻机歼敌。特别是特务 2 营还曾一度游击到敌后,越过平汉铁路到信阳县谭家河一带活动。

鄂豫皖省委和红 25 军离开根据地后的几个月时间里,在形势极为严峻困难的情况下,鄂东北道委重组领导机构,两次组建独立团,迅速适应根据地没有主力红军的游击斗争,采取与国民党正规军周旋、重点打击地主武装、争取保甲长、游击到外线等斗争方法,初步站稳了脚跟,稳定了形势。

三、重建红 28 军,建立游击战争的统一领导和指挥机构

当鄂东北道委重整队伍与国民党军打游击周旋之时,尚不知红 25 军已经长征的高敬亭正率领皖西北道委机关和红军在大别山北麓的熊家河坚持斗

---

① 参见中国人民解放军历史资料丛书编审委员会:《南方三年游击战争·鄂豫皖边游击区》,解放军出版社 1992 年版,第 7 页。

② 何耀榜:《大别山上红旗飘——回忆鄂豫皖三年游击战争》,中国青年出版社 1959 年版,第 66 页。

争。1934年11月初,高敬亭令红82师和三路游击师由82师师长周世觉率领到霍山、潜山、舒城一带开展游击活动。12月初,部队在返回苏区时,在霍山县长山冲遭国民党"追剿"部队与地方民团的伏击,部队突围时损失严重,红82师师长周世觉壮烈牺牲,部队分散突围后,辗转返回苏区。11月中旬,运送战斗伤员的红25军经理部苦工队和担任掩护的74师2营4连、3营9连,因红25军转移,部队完成任务后,由熊大海带领在赤城苏区找到高敬亭,被编为红218团第1营。12月中旬,两部会合后,高敬亭在立煌县沙河店整编部队,正式宣布成立红218团,下辖第1营、第2营和苦工队,由罗成云任团长,熊大海任政委,全团约700人。随后在皖西北道委交通队的配合下,红218团于12月25日在霍山县下骆山伏击国民党安徽省保安团,全歼其前卫营,缴获步枪100多支,并用其装备了苦工队,而后正式将苦工队编为218团第3营。红218团的成立,使皖西地区的武装力量得以集中,为重建红28军奠定了基础。

负责"清剿"皖西北苏区的国民党军是刘茂恩的11路军和梁冠英的第25路军。1935年1月上旬,国民党军为实现"三个月内将东区残匪负责肃清"的计划,梁冠英指挥19个团的兵力参与"清剿",把追剿、堵剿与驻剿相结合,由94旅全部和95旅189团及特务团1个营的兵力专门担任追剿任务,企图将218团及游击队消灭于开街、叶家庙、武庙集、皂靴河、苏仙石以南地区,"决追堵兼施,合围兜剿,以追剿部队将匪压迫于堵剿或驻剿部队防线附近,一鼓而歼灭之"。[1]

面对国民党军合箍式的"清剿",高敬亭令一、二路游击师外线牵制敌人,亲自指挥218团坚守熊家河。这一部署的主要意图是采取内外线相结合的方式御敌,但游击队仅一二百人,很难起到牵制作用,218团也只有700余人,还分三路把口死守苏区。这反映出皖西北道委对敌情估计不足,同时也说明主力红军离开后如何展开游击作战还在进一步探索之中。1935年1月21日,

---

① 《国民党第二十五路军梁冠英部与红军第二十八军在鄂豫皖边区作战详报(1934年12月—1935年12月)》,载中国第二历史档案馆编:《中华民国史档案资料汇编》第五辑第一编军事(三),凤凰出版社1994年版,第468页。

国民党军发动全线进攻,经过 3 天激战,红 218 团处境十分危险。高敬亭决定除商北大队就地坚持外,带领部队突围,撤出熊家河,向潜(山)太(湖)边境游击。林维先后来回忆说:这是"坚持皖西北革命斗争的新起点。它摈弃了消极防御的办法,符合毛主席指示的'外线的速决的进攻战'的方针。"他坦承道:"当时我们并没有自觉认识到必须采取这一方针才能取得胜利,而是严峻的斗争逼出来的。"①撤出熊家河后,红军还曾两度想打回去,只因有国民党重兵把守进不去才作罢。但这也迫使红军游击队不得不从过去依托苏区坚持游击斗争,到内线与外线相结合的游击作战方式的彻底转变。

2 月 1 日,高敬亭率领红 218 团辗转来到立煌县抱儿山,与先期抵达鄂东北独立团会合。看到中共鄂豫皖省委给他的指示信,高敬亭此时才知道省委和红 25 军已经撤离,随后带领部队向东南方向转移,2 月 3 日,高敬亭率部队来到太湖县凉亭坳,在此主持召开党的干部会议,根据中共鄂豫皖省委的指示,将红 218 团与鄂东北独立团合编,再次组建红 28 军,高敬亭任军政治委员,统一领导鄂豫皖边区党政军工作。红 28 军下辖 82 师和手枪团,罗成云任82 师师长,方永乐任师政治委员,熊大海任政治部主任,余雄任手枪团团长,82 师下辖 244 团(由 3 个营组成)和特务营,由余贤才任团长,徐诚基任政委,全军总共 1000 余人。会议还强调:在苏区被占领的情况下,必须大胆、积极地寻找新的立足点,创建新的游击根据地。②

凉亭坳会议是在鄂豫皖边区游击战争关键时刻召开的一次会议,会议确立了党的统一领导,重新成立主力红军,解决了鄂东北与皖西北两个党组织缺乏联系、无法相互支援,特别是作战没有主力红军的不利局面,从而形成了鄂豫皖边区游击战争中统一领导机构和武装力量,是鄂豫皖边游击战争的一个重要转折点。

---

① 林维先:《敌后三年》,浙江人民出版社 1982 年版,第 31 页。
② 参见中国人民解放军历史资料丛书编审委员会:《南方三年游击战争·鄂豫皖边游击区》,解放军出版社 1992 年版,第 8 页。

红 28 军重建后,国民党军尾随而至,从西北、东北、南面三个方向合围而来。红 28 军迅速向霍山转移,途中经过多次战斗,第 82 师师长罗成云在战斗中牺牲。2 月 14 日,部队来到霍山县白果树,得知安徽省政府委员兼财政厅长余谊密从安庆回潜山县官庄附近的王庄过春节,决定袭击王庄。15 日,手枪团少数化装潜入王庄,而后出奇不意,里应外合,活捉余谊密,取得了王庄奇袭战斗的胜利。2 月 16 日,红 28 军来到潜山驼岭附近白果树,高敬亭召开会议,总结了十几天来的行动和战斗,分析了当前的形势,认为红 28 军重建以来,天天遭到国民党军的追剿、堵剿,没有一天不行军、战斗,消耗得不到补充,伤员得不到安置,部队也摆脱不了困境,鉴于大部队建立新根据地难以实现,决定成立中共皖西特委,由第 244 团政治委员徐诚基任特委书记,并以 244 团的 1 个连和手枪团 2 个班为骨干共 200 余人组成第 246 团,由徐诚基兼政委,在舒城、潜山、英山、霍山一带创建游击根据地,并统一领导皖西各地便衣队。①

白果树会议后,部队遂分散行动。高敬亭率第 244 团 2 营和手枪团第 1 分队回赤城、赤南苏区了解情况,主力由师政委方永乐率领在霍山、潜山、太湖、舒城地区游击。经过 1 个多月的游击作战,两支部队摆脱国民党军的围堵,于 4 月 6 日在太湖泥头店会合。高敬亭对部队进行了整编,并决定攻打宿松县城,使部队得以补充,然后转移至黄梅、宿松、蕲春三县交界处的罗汉尖地区建立游击根据地。但在前往宿松县城的路上与国民党军第 95 旅 190 团遭遇,遂改变攻城计划,部队向西南方向转移,后在蕲春毛家嘴一带遭尾追的国民党军第 96 旅 192 团和太湖县保安团的合围,尽管最终突出合围,但部队伤亡 70 余人。为摆脱困境,提高部队士气,红 28 军于 4 月 20 日在潜山汤池畈东北的桃岭设伏,打击尾追的国民党军第 95 旅 190 团,共全歼其 2 个营,取得红 28 军重建以来的最大胜利,给国民党军以较大打击,也使得蒋介石在 3 个月消灭"肃清"皖西革命力量的企图彻底落实。

① 参见林维先:《敌后三年》,浙江人民出版社 1982 年版,第 55 页。

四、西进东返，边区军民坚定坚持长期游击战争的决心和信心

中共鄂豫皖省委和红25军离开苏区时，吴焕先曾让徐诚基带话给高敬亭，走不走，由他自己视情况而定。①高敬亭重建红28军后，经过2个多月的游击作战，虽然挫败了国民党军3个月的"清剿"计划，但部队面临的不利局面并没有根本改变。紧接着，国民党又重新布置了2个月的"清剿"计划，决定"增抽五团以上兵力，不分畛域，继续穷追兜剿"，企图将红28军消灭于"舒城、霍山、流波疃以南地区"②。

为应对国民党军新一轮的"清剿"，高敬亭于5月7日在霍山县黄尾河召开会议。会议认为，在前一段的工作中，中共皖西特委和246团活动于霍山、舒城边区，通过发动群众，打土豪、歼民团，在霍山、舒城交界山区建立了一块很好的游击根据地，工作有显著成效。红28军几个月来转战于皖西，打了不少胜仗，但斗争形势十分严峻。为了有效保存自己，摆脱国民党的围剿，决定：主力部队离开皖西，西进桐柏山区，北向陕南，与红25军会合；246团留在皖西坚持斗争。会后，从246团抽调一个战斗连补入红28军，并将红28军各部中的老弱病残精简下来，编入246团。③高敬亭的这一决定虽然并不违背中共鄂豫皖省委的指示精神，确实也是由于没有找到较好的破解之法来摆脱被

---

① 参见林维先：《敌后三年》，浙江人民出版社1982年版，第35页；何耀榜：《大别山上红旗飘——回忆鄂豫皖三年游击战争》，中国青年出版社1959年版，第18页。

② 《国民党第二十五路军梁冠英部与红军第二十八军在鄂豫皖边区作战详报（1934年12月—1935年12月）》，载中国第二历史档案馆编：《中华民国史档案资料汇编》第五辑第一编军事（三），凤凰出版社1994年版，第485页。

③ 参见中国工农红军第二十八军战史编辑委员会：《中国工农红军第二十八军坚持鄂豫皖边区三年游击战争史》（初稿），内部，1982年12月，第32页。

动的不利局面,但将仅剩的主力部队带离鄂豫皖边区,无疑会给边区斗争造成更大的困难。这也凸显了要坚持敌后游击作战是极其艰难的。

黄尾河会议后,红28军先向北行进,经六安、霍邱、固始到达商城,之后部队向西疾行,途中经历了前、后榨子凹战斗,杨店反阻击等战斗,于5月19日在罗山县长岗的白石山与鄂东北道委会会合。高敬亭向道委领导传达了黄尾河会议的决定,将第二次组建的鄂东北独立团和特务一、二营大部编入红28军,要求鄂东北道委会继续在该地区坚持游击斗争。红28军力量充实后,继续向平汉铁路挺进。

国民党军觉察到红28军欲往平汉路以西,遂变更部署,令独立第5旅编组为2个追剿支队跟踪穷追;令骑6师和第105师骑兵团沿泌阳、唐河方向疾进,探踪迎截;第120师656团亦调随县境内阻击。

5月22日,红28军在礼山县杨平口附近越过平汉铁路,29日离开泌阳的五道岭山区,准备通过平原向西北行进,去陕南与红25军会合。刚出山坳口,就遭遇到国民党军的阻击。在前有东北军堵截,后有独立5旅追击的情况下,去陕南与红25军会合有较大困难。于是,高敬亭在桐柏山西端的松树岗召开会议,研究部队去向问题。与会大多数人认为:省委给红28军的任务是坚持鄂豫皖的敌后斗争,保卫大别山革命根据地。红28军在鄂豫皖坚持斗争,对国民党南京政府有相当威胁,还有效地拖住了蒋介石10多万正规部队,大大减轻了主力红军北上抗日的压力。会议取得一致认识,遂决定红28军重返鄂豫皖,继续坚持鄂豫皖边区的游击战争。①

会后,红28军即东返鄂豫皖边区。5月31日,部队进至随县境内的桃花山地区,国民党军独立5旅614团及613团2营探踪而至。为摆脱尾随之敌,打击其嚣张气焰,高敬亭决定利用桃花山地势险要、易于隐蔽的特点进行设伏。经过周密准备,6月1日国民党军进入伏击圈,红28军随即向其发动猛

---

① 参见谭克绳等主编:《鄂豫皖革命根据地斗争史简编》,解放军出版社1987年版,第502—503页。

烈攻击,激战 7 个小时,毙伤敌 600 余名,缴获轻机枪 1 挺,步枪 200 余支,给国民党军以沉重打击,为红 28 军东返创造了有利条件。

桃花山战斗后,红 28 军向桐柏山以西游击。6 月 9 日,部队从广水以北、武胜关以南地段再次越过平汉铁路,抵罗山县彭新店地区。随后向东疾进,6 月 13 日,部队到达光山县县城东南十五公里的梅大岗、李畈、梅围孜地区大休息。国民党军第 109 师 627 团向光山王园方向前来截击。该部装备虽好,但战斗力不强,且王园地区为丘陵地,有高岗、密林和青纱帐,便于隐蔽运动,高敬亭和方永乐当机立断,决定在王园地区进行运动歼敌。当国民党 627 团抵近王园时,红 28 军发起猛烈攻击,很快将其合围,经 2 小时激战,歼其大部。此役,红 28 军缴获步枪 500 余支,机枪 18 挺,迫击炮 2 门,各种子弹万余发。这是红 28 军东返鄂豫皖边区取得的又一重大胜利,也是缴获最多的一次胜仗,使部队装备得到很大改善。

随后部队向东南方向迅速转移,6 月 18 日部队进至麻城、罗田交界的段水山地区。红 28 军鉴于该地山高林密、纵深较大,便于隐蔽和机动的特点,设伏阻击尾随而至的国民党军独 5 旅第 613 团、第 615 团。经过半天激战,歼敌 200 余人,国民党军朝毛大利方向溃退。红 28 军停止攻击,向五朵寨方向转移。6 月 26 日,部队进至霍山县堆谷山西南山区。不久,红 28 军抵达太湖县店前河,与中共皖西特委及 246 团等会合。至此,国民党军 2 个月"清剿"计划破产。

从黄河尾会议决定西进桐柏山与红 25 军会合到最终重返大别山,将近 2 个月的时间,在国民党重兵围追堵截下,红 28 军纵横六安、霍邱、固始、商城、罗山、礼山、泌阳、随县、光山、麻城、罗田、霍山、太湖等 10 余县,两越平汉铁路,行程 700 余公里,还接连取得桃花山、王园、段水山等战斗的胜利,不仅打破了国民党军的"清剿",更重要的是,获得了在敌后大范围游击作战的经验,更加坚定了红 28 军指战员坚持鄂豫皖边区游击战争的决心和信心。

第三章　鄂豫皖边游击战争的
深入发展

红 25 军撤离苏区后,面对国民党军围箍式"清剿",鄂豫皖边军民始终坚持游击作战与敌巧妙周旋,特别是经过 2 个多月的西进东返、纵横鄂豫皖边 10 余县的游击作战,红 28 军进一步积累了游击战争的经验,坚定了领导边区军民战胜国民党军"清剿"的信心。此后,鄂豫皖边游击战争进入深入发展阶段,经历由集中兵力向分散游击、从山地向平原、从内线到外线的转变过程,确立了较为系统的游击作战指导方针和灵活机动的战略战术原则,形成了集中与分散相结合、内线与外线相配合、山地与平原于一体的广泛的群众性游击战争态势。

一、店前河会议与游击战争战略战术
原则的确立

红 28 军重建后,从皖西到鄂东北、从山地到平原,经过近 5 个月的游击作战,与国民党第 25 路军、第 11 路军和东北军,以及地方保安团和地主武装等各路国民党军及地方部队进行了多次交战,在运动中不断调动和疲惫敌人,打破了国民党军的两次"清剿"计划,熟悉了山势地形,掌握国民党军不同部队的作战特点,积累了较为丰富的作战经验。

1935年7月2日,高敬亭率领红28军重返皖西到达太湖县店前河,与徐诚基领导的中共皖西特委及第246团、一路游击师以及商北大队会合。高敬亭主持召开了营以上干部会议,总结了前期游击斗争的基本经验,提出了"敌情不明不打,伤亡太大不打,地形不利不打"的"三不打"的口号①,后经过补充完善发展为"敌情不明不打、地形不利不打、伤亡过大不打、缴获不多不打"的"四不打"作战指导原则。这一作战原则的核心是解决"保存自己"的问题。在战争中"保存自己、消灭敌人"是一个基本原则,两者也是辩证统一的,但是在敌我实力过于悬殊的游击战争态势下,特别是主力红军撤离后,单靠留守部队做到"消灭敌人"这一目标显然是不现实的,"保存自己"成为了第一位的问题,因为只有"保存自己",才能完成牵制敌人、保有革命火种的任务,才有可能成为革命的战略支点。因此,"保存自己"是"四不打"原则的出发点和归宿,特别是后来补充的"缴获不多不打"不仅非常必要,也更明确地体现了这一根本原则,这也是判断有没有必要打的一个重要条件,物质缴获是游击状况下军队生存的重要来源,如果没有什么缴获,即便伤亡不大也没有必要主动出动,因为这容易带来目标暴露等潜在伤亡风险。

对于红28军的作战指导原则,当时国民党在豫鄂皖边区担任巡察专员的袁德性经过观察也发现了这一特点,他在《豫鄂皖边区巡察报告》就介绍了红28军的作战方针:"1、攻击时先以少数兵力分进合击,须有把握方行进攻,否则,以一班或三五人任掩护,大部退走,常以少数部队牵制国军的主力。2、匪军最畏碉堡及工事,遇有碉楼多改道迁避,所谓不攻坚,不打硬仗。3、高匪讲话有三不打:阵地不好不打,不操胜算不打,敌情不明不打。"②这其中也特别提到了"三不打"原则,反映了这一作战原则在当时已经流传甚广,产生了较

---

① 参见林维先:《敌后三年》,浙江人民出版社1982年版,第145页。
② 《袁德性关于豫鄂皖边区巡察的报告》,载中国人民解放军历史资料丛书编审委员会:《南方三年游击战争·鄂豫皖边游击区》,解放军出版社1992年版,第520页。

大的影响。事实上,军事战略的科学准确与否是取得胜利的前提,"四不打"原则作为红 28 军坚持游击作战的根本指导,也是鄂豫皖边区能够始终坚持下来,并且成为南方游击战争保存实力最多的游击区的重要原因。

"不打"是为了更好地"打"。会议还根据在战士们当中广泛流传"拖跨二十五,相机打十一,瓦解东北军,向保安团要补给"的顺口溜,总结明确了"拖跨二十五路,相机打十一路和东北军,向保安团要补给"的军事斗争策略。这一军事斗争策略的核心是在做到"保存自己"的前提下如何"消灭敌人"的问题。所谓"知己知彼,百战不殆","看什么菜吃什么饭,上什么山唱什么歌",根据不同的对手特点,采取针对性的斗争策略,这是赢得战争、有效打击敌人的重要原则。经过与各类型不同对手的较量,红 28 军对于活跃在鄂豫皖边区的各路国民党军和地方武装都非常熟悉,据林维先回忆,"哪一股战斗力强,哪一股战斗力弱,哪一股装备好,哪一股装备差;'嫡系'和非嫡系之间的矛盾,我们差不多都了如指掌"①。

地方保安团,装备差、斗争意志薄弱、战斗力差,一向担任着红军"运输队"的任务,红 28 军只要碰见了他们,毫不客气,坚决地打,缴获其枪支弹药,有时还得向他们要粮食、服装,这就是所谓的"向保安团要补给"。

第 11 路军和东北军主要是担任"驻剿"任务,分散驻扎在各个据点,有时也出来"堵剿""清剿",其装备较好,有一定战斗力。但东北军是九一八事变之后被迫离开东北老家,由蒋介石调到鄂豫皖地区参加"剿共",本身并不情愿,再加上不太习惯鄂豫皖边山高林密的作战环境,普通官兵思乡心切、作战意志不坚决,也不善于山地作战,所以提出了"瓦解东北军"的口号。刘茂恩的第 11 路军前身是河南豫西地区的土匪和土顽武装,又称"镇嵩军",在北伐战争中投靠了冯玉祥的西北军,后在中原大战中,叛离西北军投靠蒋介石,该军并非蒋介石的嫡系部队,对"剿共"之事不是特别坚决,所以对于第 11 路

---

① 林维先:《敌后三年》,浙江人民出版社 1982 年版,第 145 页。

军,红28军一般是"瞅准机会,能打则打,不能打一走了事"①,这就是所谓的"相机行事"。

梁冠英的第25路军原属冯玉祥的西北军,在中原大战时投靠蒋介石,蒋介石对梁冠英颇为重视,任命其为第25路军总指挥,下辖第32师、独立第5旅、手枪团、炮兵团、迫击炮团、骑兵团等2万人。梁冠英一度对蒋很有好感,甚至后来还回忆道,当时听了蒋介石讲了一套"国家已渐统一,前途有了光明,奉行总理遗教,完成革命大业"等话,"心中也未始不认为蒋介石是一个'爱国人物'"②。梁冠英部于1933年开始参与鄂豫皖边的"剿共"事宜,蒋介石也对梁部寄予厚望,让第25路军担任"追剿"任务,并赋予梁"可以随时指挥其他驻剿部队"的权力,因此第25路军"是鄂豫皖'剿共'的主力,装备好,武器精良,反共最坚决"。由于实力相差太大,红28军在作战中一般不与其硬碰硬,而抓住其辎重武器多、行军缓慢等弱点,专辟荒山僻壤小道行军,从而"拖跨二十五路",将其"肥的拖瘦,瘦的拖死"。

会议还提出具体的作战形式和战术原则,如在作战形式上,以游击战为主,辅以必要的伏击战;在作战地区上,不仅在苏区打仗,而且能到苏区外围的游击区和敌占区或更远的地方去打仗;在战术手段上,每战集中比较优势的兵力,利用有利地形,或击其头,或断其尾,采取突然迅猛的手段,穿插分割围歼敌人。③

店前河会议是鄂豫皖边三年游击战争中一次非常重要的会议,它从作战指导原则、军事策略方针等方面确立了坚持敌后游击战争系统的战略总方针和基本战术原则,明确了作战的目标方向和基本原则,着力解决了在游击状态下如何实现"保存自己、消灭敌人"的战争核心问题。

---

① 林维先:《敌后三年》,浙江人民出版社1982年版,第146页。
② 梁冠英:《二十五路军受蒋介石收编和被消灭的经过》,《文史资料选辑》第52辑。
③ 参见中国工农红军第二十八军战史编辑委员会:《中国工农红军第二十八军坚持鄂豫皖边区三年游击战争史》(初稿),内部,1982年12月,第43页。

二、巩固和发展舒、霍、潜、太边游击根据地

店前河会议之后，红 28 军在潜山、太湖、霍山一带同国民党军周旋，寻机歼敌；第 246 团仍在原地区活动，进一步巩固和发展游击根据地。

舒霍潜太边游击根据地是中共皖西特委在舒城、霍山、潜山、太湖等县边界所创建的一块新的游击区。游击战争的坚持离不开巩固的根据地，它是工农武装割据的基本依托，是部队兵员补充、情报收集、物资供给、伤员安置、队伍休整的主要基地。在红 25 军离开鄂豫皖边后，皖西北赤南、赤城、六安、霍山尚存的几块小苏区也相继丢失，这迫切需要开辟新的根据地。1935 年 2 月，红 28 军在白果树召开会议，决定成立中共皖西特委，组建 246 团，下辖 2 个连和 1 个手枪队，由特委书记徐诚基兼团政委，在舒城、潜山、英山、霍山等县的边界创建游击根据地。

舒城、霍山、潜山、太湖的边界地带位于大别山腹部，重山叠岭、山高林密，海拔在 1300 多米的高山如黄柏山、大同尖、明堂山等就有 10 多座，同时这一带的群众基础和党的基础都较好，1930 年曾爆发过农民起义，并建立过县乡苏维埃政权，六霍红军也曾在这一带活动过，中共潜山县委及下属区委也一直坚持地下活动。皖西特委成立后，特委书记兼团政委徐诚基即率领 246 团转移至舒城、潜山交界的枯井园，作为比较固定的落脚点，展开游击根据地的创建工作。主要开展了以下几个方面的工作。

一是恢复和发展地方党组织，巩固党的组织基础。地方党组织是领导地方武装和开展群众工作的核心，是主力红军与群众联系的纽带。皖西特委进驻枯井园不久，就与潜伏下来的当地党员取得联系，首先恢复了沈桥和香炉冲党支部，后徐诚基带领手枪队到马家河，与红 28 军放下的便衣队接上关系，继而与中共潜山县委取得联系，指导帮助县委发展党的基层组织。特委不仅迅速与潜山等县的中共地下党建立了工作关系，并把党的工作逐步扩展到舒城、

霍山、太湖、罗田、英山、蕲春、黄梅、宿松等县的广大山区。同时在1935年5月，与党在白区建立的皖西北特委及其所领导的游击大队取得联系，还通过皖西北特委向中共中央写了一份工作报告，这也是红28军成立后第一次向上级汇报工作情况。[①]地方党组织的恢复和发展为游击根据地的开辟做出了重要贡献。

二是做好组织宣传工作，巩固党的群众基础。群众基础是根据地的根本，只有把群众动员起来，根据地才能建立和巩固起来。特委成立后，徐诚基就抽出10余人组成便衣工作队，深入山区发动群众，由于当时还立足未稳，大都是在夜间秘密进行，逐个村庄做工作，动员群众拥护共产党和红军。便衣队还陆续在觉悟高的群众中发展党员，成立党支部。当地的群众基础原本就不错，听到有红军来到这里，甚至主动通过便衣队的关系来到红军驻地，为红军捐粮、传递情报，以及帮助照顾伤病员。

三是发展地方武装力量，寻机歼敌。武装力量是开辟和巩固根据地的保障。特委成立不久，就派了1名教练长和2名班长，并携带50支步枪帮助中共潜山县委扩大武装，建立皖潜游击大队，全队80余人，到4月就发展到了180余人。在此期间，红246团在马家畈打垮了李维甫的反动民团，又端了他的老巢，缴获了40多支枪和其他武器，部队趁势扩大了2个连，并成立了战斗营。3月初，皖西特委又成立四路游击师共有200余人，包括从246团抽出部分人员和痊愈归队的伤病员，以及积极要求参加红军的贫苦农民。在红28军西进桐柏山后，皖西特委及所属游击队独立承担了抗击国民党"清剿"的武装力量，曾多次灵活机动打击国民党第11路军和地方民团武装。1935年5月11日，四路游击师在分水岭、河图铺与国民党第11路军激战，迫使敌军收缩战战线。5月中旬，皖潜游击大队击溃来榜河民团，

[①]　参见朱国栋:《中共皖西特委的斗争始末》,载皖西革命斗争史编写组:《皖西革命回忆录》(第二次国内革命战争时期·下),黄山书社1984年版。

缴小炮 2 门,子弹 1000 余发。①

四是建立舒霍潜边苏维埃政权,开辟稳固根据地。政权建设是创建游击根据地的重要内容。1935 年 3 月底,皖西特委召开群众大会,成立舒霍潜边苏维埃政府,由李清明担任苏维埃政府主席,下辖 5 个村苏维埃政府。苏维埃政府还建立 4 条秘密交通线、红军野战医院、山林小型修械厂和帐篷被服加工厂等,为红军主力坚持对敌斗争提供了有力的后勤保障。

到 1935 年 4 月底,一块东至晓天,西至鹞落坪,南至驼岭、源潭铺,北至黄尾河,面积约 200 平方公里的游击根据地基本形成。② 舒霍潜太边游击根据地的开辟,为红 28 军摆脱国民党军围追,在皖西立足提供了较好的条件。1935 年 6 月下旬,红 28 军西进东返,重新回到皖西时,战士们就发现情况有了明显变化。据林维先回忆:"这次我们大摇大摆回到皖西。敌人的主力部队忙于休整,不敢轻举妄动,地主土顽武装龟缩在据点里,更是不敢出来。群众却兴高采烈,我军每到一个地方,总可以听到这样的欢呼声:'主力部队回来了!''红二十八军回来了!'每到一个地方,再用不着我们自己筹粮、派款了,吃的住的,红色便衣队早为我们张罗好了。"甚至不少战士惊奇地对林维先说:"营长,我们好像回到熊家河老区了。"③

对于皖西特委开辟舒霍潜太边游击根据地的成绩,高敬亭在 1935 年 5 月的黄河尾会议上给予了高度肯定,认为中共皖西特委和 246 团活动于霍山、舒城等县边界地区,通过发动群众,打土豪,消灭反动民团,在霍山、舒城交界山区建立了一块很好的游击根据地;在根据地内,部队与群众的关系很好,伤病员得到妥善安置,给养也方便。④ 在 7 月的店前河会议上,高敬亭又再次肯定

---

① 参见中共岳西县委党史研究室:《红二十八军在岳西》,中央文献出版社 2008 年,第 46 页。
② 参见中共岳西县委党史研究室:《红二十八军在岳西》,中央文献出版社 2008 年,第 33 页。
③ 林维先:《敌后三年》,浙江人民出版社 1982 年版,第 104 页。
④ 参见谭克绳等主编:《鄂豫皖革命根据地斗争史简编》,解放军出版社 1987 年版,第 518 页。

皖西特委领导 246 团坚持舒霍潜太边区游击根据地所取得的成效,并决定从 246 团抽调 2 个连和手枪队 2 个班,分别补入一、三营和手枪团,进一步增加了红 28 军的实力。

店前河会议后,舒霍潜太边游击根据地也有了进一步发展。便衣队是开展地方工作的基本组织。至 1936 年春,由红 28 军和皖西特委在舒城、霍山、潜山、太湖、英山、罗田、宿松等县,相继派出 11 个便衣队。在有主力红军支持并有力牵制国民党军的情况下,便衣队协助地方武装开辟新区和游击根据地,取得了很大的成绩,建立了以大岗岭、鹞落坪为中心,纵横二三百平方公里的游击根据地。红 28 军也将大本营设在鹞落坪。实际上,早在 1935 年 8 月,高敬亭率红 28 军由霍山向英山、罗田游击途中,曾因病落脚鹞落坪地区,见这里山高陡岭、河谷交错、交通闭塞,是开展游击战争的理想根据地,便有意将这里设为根据地的大本营。作为红 28 军的后方机构所在地,红军的野战医院、修械所、被服厂、红军商店等多设在鹞落坪。广大人民群众也发动起来,为红 28 军送情报、抬担架、安置伤病员,做鞋、缝衣服慰劳红军支援红军,"那情景就象老苏区一样"①。舒霍潜太边游击根据地成为红 28 军坚持游击战争的可靠后方和重要基地。

三、红 28 军逐步向分散的平原游击战争发展

(一)依托游击根据地,红 28 军集中主力寻机歼敌

根据店前河会议确定的游击战争战略战术原则,红 28 军主力依托舒霍潜太边游击根据地,在潜山、太湖、霍山一带同敌周旋,按照"四不打"原则,根据不同的作战对象,采取不同的策略灵活机动打击国民党军。1935 年 7 月 5

---

① 朱国栋:《中共皖西特委的斗争始末》,载皖西革命斗争史编写组:《皖西革命回忆录》(第二次国内革命战争时期·下),黄山书社 1984 年版。

日,红28军主力经太湖县陈家岭和潜山县天柱峰、槎水畈,在狮子山与国民党军第94旅遭遇,该部系梁冠英的第25路军,属于"追剿"部队,一直尾随红28军,装备好、战斗强,根据"拖跨二十五路"的原则,红28军以小部队阻击,主力迅速转移。6日晚至乌沙街以东的黄巢尖。7日下午部队从乌沙街出发,尚未离开,发现安徽省保安团一个营由东向西朝乌沙街方向开来。高敬亭见是保安团部队,根据"向保安团要补给"的原则,毫不犹豫地下令打击,由第2营占据有利地形正面抗击,第3营隐蔽迂回敌后,当敌进至预定位置,突然以猛烈火力杀敌,战斗进行1个小时就结束了,保安团大部被歼。待国民党94旅赶到时,红28军主力已向南转移。7月12日,部队到达潜山县境内,抓到两名敌人,得知敌一部将到衙前镇护送给养,根据"缴获不多不打"的原则,红军正缺给养,敌人送上门来,当然要打。当晚,手枪团利用夜暗占领有利地形伏击敌人,缴获轻机枪2挺,步枪48支。7月15日,又在太湖县冶溪,利用伪装战术突袭国民党第25路军的别动队,缴获轻机枪2挺,长短枪80余支。7月19日,红28军主力在蕲春县桐梓河宿营时,遭尾随而至的国民党第96旅一部和独立5旅等4个团的袭击。高敬亭沉着指挥,令第2营阻击敌人,掩护主力转移,战至次日拂晓,红28军已经摆脱敌人,安全转移。8月13日,红28军到达霍山县燕子河地区,获悉国民党军第195旅1个营由流波疃进驻花凉亭,企图阻击我军。195旅属于刘茂恩的11路军,根据"相机打十一路"的原则,在条件成熟的情况下是可以打的。当天下午,高敬亭召开营以上干部会,进一步分析敌情,研究打法,认为敌人虽已构筑了工事,但诸佛庵等据点较远,是孤立之敌,同时在兵力对比上我们占绝对优势,只要出其不意、攻其不备,歼灭敌人是有把握的,最后统一了思想,区分了任务,决心以夜战歼灭该敌。军部遂命令部队由燕子河出发,急行20余公里,黄昏前隐蔽进至花凉亭南侧银矿岭地区集结。夜晚10时许,红28首先以特务营向花凉亭东北侧高地发起进攻,接着红82师政委方永乐率手枪团和第224团1营相继攻克花凉亭西侧高地和田湾大瓦房,并向花凉亭发起进攻。与此同时,244团2营攻占了黑桃湾东侧长形高地敌重机枪阵地。激战中,从俘虏口中得知花凉亭之敌当天已增至一个团。高敬亭考虑敌情有变化,遂下令停止攻击,迅速撤出战斗。这次战斗毙伤敌200余人,俘敌100余人,缴获步枪200余支,轻机枪3挺,重机枪4挺,迫击炮1门,子弹万余发。这是红28军重建以来夜间进攻敌人据点的第一次尝试,以小的代价取得了大的胜利,取得夜间攻坚战斗的初步经验。①

此后,红28军经立煌、霍山、罗田、麻城一带与国民党军周旋。其间在麻城袭击了余家大院,处死民愤极大的土豪劣绅19人,在桐城县唐家湾歼敌1个保安大队,在潜山县龙井关,利用化装战术歼灭国民党军11路军1个尖兵连。然而在9月13日,当红28军行进至潜山县妙道山时,由于山势陡峻,仅有一条小路穿行而上。此时高敬亭因患病无法行走,只能用担架抬着,部队行军十分缓慢。国民党第95旅因长期"追剿"已经有了一定的经验,顺着红28军在行进中为防止踪迹泄露将踩倒又扶起的草,尾随而至,并舍弃辎重,轻装上山追击。由于这条山路既无法设伏,又不能隐蔽,形势十分危急。关键时刻,师政委方永乐令2营由前卫改为后卫,掩护主力撤退。2营营长林维先亲率6连利用有利地形阻击敌人,连续打退敌人数次进攻,掩护军领导和主力安全转移,又留下一个排牵制敌人。在主力部队完全撤离后,林维先率领全排边打边撤,最后因弹尽刃卷,为了不当俘虏,带头向几丈深的悬崖跳下。红军英勇的行为震惊了敌人,他们在崖上也不禁感叹道,这些共产党真厉害。全排最后尚存十余人,在便衣队的帮助下,到上河南和主力部队汇合了。②

(二)茅山会议,红28军分兵作战

在店前河会议之后两个月的作战,红28军主力依托游击区,时而南下桐梓河,时而北上花凉亭,在太湖、霍山、潜山、罗田、麻城等一带纵横驰骋,其间

①　参见《夜战花凉亭》,载中国工农红军第二十八军战史编委会:《中国工农红军第二十八军坚持鄂豫皖边区三年游击战争史资料选编》,内部,1982年12月,第161页。

②　参见林维先:《敌后三年》,浙江人民出版社1982年版,第141—142页。

按照"拖跨二十五路,相机打十一路和东北军,向保安团要补给"的军事斗争策略,与各路国民党军均展开了有利条件下的战斗,部队得到了锻炼,装备也有了改善。但是,红军主力始终未能完全摆脱国民党的"追剿"部队,一直处于奔袭状态,也没有得到较好的休整。究其原因,主要是在国民党不断收拢封锁线的情况下,红军在游击区的行动空间、回旋余地受到限制,而此时红军主力部队集中行军,目标太大容易暴露行踪。特别是在妙道山战斗中,红军主力一度处于非常危险的境地。因此,在妙道山战斗的当晚,红28军在潜山县茅山召开会议,决定部队分散行动,2营留下来掩护高敬亭养病,在罗田、英山、霍山、潜山一带活动;师政委方永乐率红28军主力去潜山、霍山、六安、舒城一带活动。

虽然茅山会议决定的分兵行动主要迫于形势的压力,但客观上为探索分散的游击作战方式创造了条件。事实上,在茅山会议后的第二天,国民党"追剿"部队就得到情报:"高匪共约千余人,连日被围痛击,不得突窜,刻已派出密探三百余人,沿封锁圈侦察突窜地点,如不能突窜时即化零散窜。"①林维先在回忆时也谈到,潜山妙道山战斗后,我军各营分开活动了一个时期,但他也特别强调,"这时的分散活动还是无意识的"②。

茅山会议后,红28军第244团2营在收容部队后,负责掩护高敬亭在川心庵养病。梁冠英得知红28军分兵后,由第94旅去寻找红28军主力,留下独立5旅第613团负责在白头坂一带搜山寻找高敬亭和2营部队。2营决定寻机歼敌,采取"先疲后打"的办法,先让便衣队四处活动,调动国民党军一会进村,一会上山,将其拖得精疲力竭。9月26日,2营见时机成熟,在泥潭东北约十华里的沙帽尖设伏,并故意放出消息,红军还在山上。9月27日拂晓,

① 《国民党第二十五路军梁冠英部与红军第二十八军在鄂豫皖边区作战详报(1934年12月—1935年12月)》,载中国第二历史档案馆编:《中华民国史档案资料汇编》第五辑第一编军事(三),凤凰出版社1994年版,第527页。

② 林维先:《敌后三年》,浙江人民出版社1982年版,第146页。

613 团派其第 3 营进山搜索,至下午有一部进入预定伏击圈。2 营官兵平端刺刀,向敌人猛扑,很快将敌一个连全部歼灭。此役第 25 路军的每日战报中也有记载:"阵亡士兵八名,受伤十一名,失踪连长王万忠一员,士兵七名,遗失步枪二十二支,手枪一支。"①失踪的连长王万忠等实际上都被 2 营俘获了,集中教育后全部释放。随后,2 营掩护高敬亭连夜向西北方向转移。此后两月间,2 营在英山、霍山、罗田、麻城、商城一带与国民党军周旋,采取化整分零、集零为整的战术,时而集中、进而分散,让国民党"追剿"部队 95、96 旅等部疲于应付、毫无成效。梁冠英在 10 月 16 日给各旅长的电报也不得不承认:"查伪第二营为匪最有战斗力之一部,近虽有六一四团之一营及特务团之一连往剿,恐亦难期将其消灭。仰时加注意,以免疏虞,并相机剿办为要。"②12 月初,2 营开始一路南下,于 1936 年 1 月 5 日,辗转来到蕲春县三角山。

根据茅山会议的决定,除 2 营外,红 28 军主力由方永乐率领在潜山、霍山、六安、舒城一带活动。10 月 1 日,部队抵立煌县莲花山时,遭国民党军第 25 路军 32 师包围,黄昏后突出包围圈往原赤南苏区活动,但担任后卫任务的第 3 营被敌阻拦未能通过。后 3 营回霍山、舒城一带活动,与 246 团会合。红 28 军主力在原赤南苏区一带活动,由于苏区早已被国民党控制,生活较为困难,于是方永乐决定回到霍山、舒城游击区。经过这一时期的活动,方永乐明显感到部队过于集中,目标太大,不容易活动,于是对部队进行精简,将 3 营一部人员武器编入 1 营,又将 1 营老弱和 3 营剩下人员编为 2 个连,暂归 246 团指挥,改称五路游击师,由师长梁从学带领在潜山、太湖一带开展游击活动。部队精简后,行动较为自如。之后 2 个月在英山、霍山、舒城一带山区与国民

---

① 《国民党第二十五路军梁冠英部与红军第二十八军在鄂豫皖边区作战详报(1934 年 12 月—1935 年 12 月)》,载中国第二历史档案馆编:《中华民国史档案资料汇编》第五辑第一编军事(三),凤凰出版社 1994 年版,第 537 页。

② 《国民党第二十五路军梁冠英部与红军第二十八军在鄂豫皖边区作战详报(1934 年 12 月—1935 年 12 月)》,载中国第二历史档案馆编:《中华民国史档案资料汇编》第五辑第一编军事(三),凤凰出版社 1994 年版,第 539—540 页。

党军兜圈子,由于红军行动迅速,国民党军疲于奔命,难以掌握红军行踪。国民党军总指挥梁冠英亦常感到,"所报匪情亦多含糊,殊为焦虑",故一度强调"各股匪行踪飘忽,务特加注意,并要互相通报",后担心"每日午间通报报告,⋯⋯往往予匪以脱逸失踪之机会",又要求"各部如无特别事情,午间不必架设电台,一律于夜间宿营后,报告通报"。同时,他也根据适合红军分散行动的特点改变部队编成,仍以94、95、96 三个旅为"追剿"部队,但将每旅分成两个追击队,以团为单位,"分途追堵迎截",同时令独立第 5 旅(缺 614 团)驻守薛义河、合水涧、太湖河、李杜店一带建筑碉堡,机动追截。① 12 月初,方永乐开始率部南下,9 日又继续分兵,令红 82 师参谋丁少卿(后于 1936 年 6 月投敌叛变)率特务营和手枪团一个分队去接应五路游击师,自率 1 营和手枪团两个分队继续南下。12 月 15 日,特务营、手枪团在天堂寨与五路游击师会合,部队总计有 400 余人。16 日部队进入立煌县中畈湾后,国民党军独立第 5 旅 615 团团长曹兴文率 5 个连尾随而至,17 日遇掩护修碉的 189 团一营(欠 1 个连)。中畈湾位于天堂寨以北的崇山峻岭之中,树林茂密、地形复杂,利于隐蔽机动。于是,红 28 军决定在此设伏歼敌。17 日中午战斗打响,经过激战,歼敌 200 余人,俘敌 100 余人,击毙团长和营长各 1 名,此役是这一时期取得较大胜利的一个战斗。到 1936 年 1 月 5 日,红 28 军主力各部均顺利摆脱尾追之敌,到达蕲春县三角山与高敬亭会合。

(三)红 28 军加强连下平原开展游击作战

1936 年 1 月 5 日,红 28 军各部队在蕲春县三角山会合。高敬亭主持召开了营以上干部会议,会议对一年来部队开展游击作战特别是战术原则和战斗作风的基本经验进行总结,分析当前部队所面临的主要形势,以及研究和确

---

① 参见《国民党第二十五路军梁冠英部与红军第二十八军在鄂豫皖边区作战详报(1934 年 12 月—1935 年 12 月)》,载中国第二历史档案馆编:《中华民国史档案资料汇编》第五辑第一编军事(三),凤凰出版社 1994 年版,第 540—542 页。

定下一步行动方案。会议决定,由高敬亭率手枪团一个分队去鄂东检查工作;方永乐率 244 团、特务营和手枪团 2 个分队到黄梅、蕲春、浠水、黄冈、宿松、太湖一带活动。

1 月中旬,方永乐率红 28 军主力来到黄梅以北塔儿畈附近,为使部队更加精干,撤销 2 营建制,将 3 个连分别编入 1 营、特务营和手枪团,同时继续实行分散作战,令丁少卿率第 1 营、第 3 营和特务营去宿松、太湖活动,自带手枪团 2 个分队在黄梅县境内活动。经过近 1 个月的游击作战,红 28 军主力各部队于 2 月中旬在黄梅县北部山区会合。

由于国民党在山区进一步强化保甲制度,加大经济封锁,碉堡、炮楼林立,部队行军更为困难,也很难弄到粮食。这时为摆脱困境,方永乐决定改变斗争方式,采取"围魏救赵"的办法,插入敌后,到平原地区活动,从而调动敌人,减轻山区的压力。从山区到平原游击,这确实是一个非常有胆略而又重要的决策。因为平原一望无际,无处遮蔽,又是敌人后方,没有群众基础,红军还没有积累平原作战的经验,不要说歼敌,能不能生存下来也是一个很大的问题。2 月 20 日,方永乐经过慎重考虑,决定由 1 营营长林维先从 1 营各连抽出一个排共 4 个排,加上师部交通队的短枪班,组成 1 个加强连,由雷学文担任连长,调交通队指导员詹楚芹来担任加强连指导员,前往浠水县的新洲,深入敌后开展平原游击战争。

久居山区,陡然进入平原地区,几十年后林维先的回忆,还是能让人感受到初入平原给当时官兵带来的新奇:"跨过了罗田至浠水的公路,眼前豁然开朗,辽阔的平原无边无际地向前伸延。我利用打尖短暂的时间,站在山口举目远眺:平原上,阡陌间,大小村庄星罗棋布,行人不绝于路,鸡鸣狗吠,羊叫马啸,多么好的地方啊!"①

加强连的战略任务是要调动敌人,减轻山区主力部队的压力。2 月 25 日

① 林维先:《敌后三年》,浙江人民出版社 1982 年版,第 155 页。

上午,当部队经过浠水县团陂附近,得知驻有保安团 1 个排驻守,当即决定用化装战术拔掉这个据点。加强连伪装成国民党军第 25 路别动队,大摇大摆地走近碉楼,并机智灵活应对保卫团哨兵,最终未放一枪就进入碉楼,将敌全部缴械。部队西渡巴河后,又俘获了 25 路军的一个运输队及抓住了 25 路军的秘书长,并缴获其证件、公函和许多军需物资等。同日下午又穿上 25 路军的服装进入上巴河街头,俘获了在此赌馆里打牌的国民党一连官兵,当晚在此宿营。第二天清早将俘虏释放,并在街头墙上写了"春荒没有饭吃的老百姓跟我们部队走"等宣传标语,后继续向新洲方向前进。26 日上午,加强连穿着保卫团的服装来到黄冈县马鞍山,碰到湖北省保卫 8 团第 11 连连长带着号兵、马夫和几名尖兵在山坳口凉亭休息。敌发现山下有队伍,即吹号联络。加强连司号员用刚缴获的敌号谱应联,敌又答号派人上山。林维先决定派雷学文连长带着两士兵上山,同时将主力从左翼迂回占领制高点。双方接近时,雷学文连长先敌开火,打死随从马夫,活捉敌连长,缴了尖兵的枪。随后主力迅速插入敌后,将运动之敌分割包围,经过 1 个多小时的战斗,毙伤敌 10 余人,俘敌 60 余人。① 余敌逃窜至新洲城,将城门紧闭。加强连一直追到城下,因无重武器无法攻城,只好在城外游击,四处开枪,调动敌人。在此连续活动了几天,并没有引起国民党军主力的重视。但此时黄冈地区党组织负责人漆先庭派人与加强连取得联系,部队随后转移到黄冈与麻城边境的大崎山地区,并在此发动群众,打击土豪劣绅,革命之火席卷大崎山。这引起了国民党军的注意,命 32 师前往大崎山剿共。3 月 2 日,加强连见调动敌人目的达到,根据黄冈党组织的建议,连夜奔袭浠水县的巴河街,破坏敌一个后方军需仓库,缴获大量军需补给物质。之后向太湖县柴家山转移,与红 28 军主力会合。

---

① 参见《奇袭团陂、上巴河、马鞍山、下巴河之敌的情况》,载中国工农红军第二十八军战史编辑委员会:《中国工农红军第二十八军坚持鄂豫皖边区三年游击战争史资料选编》,内部,1982 年 12 月,第 168—172 页。

四、内线与外线相结合，开展广泛的
敌后游击战争

从茅山会议决定红 28 军分散作战，再到三角山会议后加强连下平原游击，红 28 军在这一时期积累了较为丰富的集中与分散相结合的游击作战经验，特别加强连下平原取得多次战斗胜利，既调动了敌人，又在群众中宣传了革命，初步增强了官兵平原游击作战的信心，为探索分散的平原游击战争创造了良好的条件。

1936 年 3 月，红 28 军主力部队在太湖县柴家山会合，高敬亭主持召开营以上干部会，作出三项决定：一是深入敌后开展游击战争。高敬亭充分肯定前期把部队分散到敌后开展游击战争的经验，特别是由于国民党集中主力进攻山区，导致其后方空虚，这时跳出敌包围圈到敌后打游击，这是保存自己，彻底粉碎敌人"清剿"的有效办法。二是以营单位分散游击。鉴于过去主力集中活动，目标太大容易暴露，决定今后分散活动，缩小目标，提高行动的灵动性和机动性，同时以营为单位使部队又具有一定的战斗力，能起到主力红军的作用。三是加强便衣队的建设。便衣队的广泛发展，对主力红军作战起到了重要的配合和支援作用，高敬亭要求有计划地从部队抽调骨干，到地方建立和发展便衣队组织。会议规定了分散活动时的路线、纪律、任务、计划、期限等事项均要加以明确，如期限视情而定，一般为一个月会合一次，行动计划要保密，一般只有营长、政委及带队领导干部掌握，等等。① 柴家山会议是继店前河会议后对游击战争经验规律总结探索的又一次重要会议，它明确了游击战争要由集中向分散、从山地到平原、从内线到外线的发展方向，从而进一步拓展了游

---

① 参见中国工农红军第二十八军战史编辑委员会：《中国工农红军第二十八军坚持鄂豫皖边区三年游击战争史》（初稿），内部，1982 年 12 月，第 67 页；林维先：《敌后三年》，浙江人民出版社 1982 年版，第 197 页。

击战争的时域、空间、组织形式、力量配置等策略方法,为进一步推动鄂豫皖边游击战争蓬勃深入的发展,打破国民党军新的"清剿"计划作了较好的部署与准备。

此时,国民党对鄂豫皖边的"清剿"也作出了新的部署。1936年2月,鉴于红28军的游击战争大有进一步扩展之势,而总指挥梁冠英迟迟完不成"清剿"任务,也拿不出更好的办法,蒋介石决定调卫立煌取代梁冠英担任鄂豫皖边区"清剿"总指挥。此前,卫立煌长期在鄂豫皖边担任剿共任务,与红四方面军和红25军都交过手,因剿共有功,1932年10月蒋介石还把安徽省的六安、霍山、霍邱和河南省的固始、商城五个县的交界处划出,设立"立煌县"(即今安徽省金寨县)。上任之初,卫立煌在欢迎宴上颇为自信地表示:"此次奉命担任清剿工作,已为第三次,三省边区残匪,为数无多,现决分为四个绥靖区彻底清剿,配备部队分别担任,限于最短期内彻底肃清"①,并就"清剿"方略作出了新的调整部署:一是调整兵力部署。此前在第二、第三"驻剿"区担任"清剿"任务的东北军67军和57军已先后随担任"西北剿总"的张学良调离,从贵州调来102师、103师接替东北军负责鄂东"驻剿"任务,102师、103师善于山地作战,卫立煌决定将该部配置在黄陂、麻城一带,赋予追剿任务;平汉铁路的护路任务则由新调进的58师、82师担任;卫立煌带的14军所辖之10师、83师分别担负鄂东、皖西的"清剿"任务。第11路军和25路军的部署大体不变。此时,调集在鄂豫皖边区的国民党兵力总共有9个师另1个旅,约44个团。二是增筑碉堡封锁线。经过多年的修筑,至1936年3月间,在英山、罗田、立煌、霍山、浠水、蕲春、黄梅、广济等8县境内,形成纵横交错的碉堡封锁线,并且在封锁区,沿着大道小路的两边栽上丈余高的树桩,安上带有铁蒺藜的铁丝网,或者钉上木遮栏,把封锁区割成豆腐干样的小块。同时,还在路的两边添修炮楼,每隔一公里少则一个、多则两三个。炮楼与炮楼之间,以

①《中央日报》,1936年3月3日。

响铃相连,一处打响,四处响应。三是改变战术手段。采取步步为营、稳扎稳打的战法,"围剿""追剿"与"驻剿"并用,抽调 11 路军、25 路军及 102 师精锐,合编成五个追剿纵队,不分界线追击红 28 军,实行"划片清剿",划分地区由驻剿部队采取各种形式进行"清剿",当主力红军进入该地区时,配合追剿部队进行追击、堵截。此外,为防止群众支援配合红军,对重点"清剿"地区实行移民并村,强化保甲制度,实行一家通共十户杀绝的"十户连坐法",加大经济封锁力度,等等。①

柴家山会议的决策既是对前期游击作战经验的总结,实际上也是因应国民党新的围剿策略,打破国民党军对山区进行军事、政治、经济全面"清剿"政策的战略部署。此后,红 28 军与地方武装、便衣队相配合,深入敌后、出击外线、灵活机动,时而集中、时而分散,纵横山区与平原,连贯内线与外线,粉碎了国民党军的多次"清剿"计划,游击战争呈现出广泛性、群众性、普遍性的态势特点,是三年敌后游击战争发展的最高峰。

(一)红 28 军主力分散游击

柴家山会议后,高敬亭将 244 团 3 营改编为 245 团,辖 2 个连和 1 个手枪队,分别由梁从学、杨克志担任团长和政委。此时,红 28 军主力部队包括 244 团 1 营、245 团、特务营和手枪团。根据柴家山会议的决定,在此后近一年的时间,红 28 军基本上以营为单位分散在鄂豫皖边区各地活动,驰骋敌后、机动歼敌。

特务营和手枪团一个分队随高敬亭在鄂皖边活动,巩固和扩大游击区。1936 年 3 月中旬,部队往黄梅县、广济县一带游击,14 日,途经黄梅县苦竹口,突遇已占据有利地形的湖北省保安 12 团 3 营的袭击。经过 2 个小时的激战,

---

① 参见中国工农红军第二十八军战史编辑委员会:《中国工农红军第二十八军坚持鄂豫皖边区三年游击战争史》(初稿),内部,1982 年 12 月,第 65—66 页;林维先:《敌后三年》,浙江人民出版社 1982 年版,第 152 页。

歼敌一部,由于地形对我不利,高敬亭决定部队交替掩护,撤离战场。之后转移至蕲春、黄梅边境活动。22 日,在广济梅川镇附近的打圩口遭湖北省保卫团第 7 团一个营拦截,经过 3 个小时的激烈战斗,将敌歼灭后向横冈山以北地区转移。其后一个月,部队一度分散活动,由手枪团团长、政委詹化雨和刘远臣带特务营去孝感、黄陂一带活动,高敬亭带手枪团一个分队到鄂东检查工作。4 月下旬,特务营和高敬亭会合,其后又奉命去黄冈、麻城一带活动。5 月16 日,各部队在麻城三河口会合。次日,决定特务营和手枪团一个分队去固始、商城一带活动。6 月 1 日,部队从黄冈经罗田、麻城、商城至潢川县,得知桃林镇驻有河南省保安团一个大队,戒备松弛,整天赌博打牌,决定出其不意袭击该保安大队。2 日上午,部队采取化装战术,未放一枪,顺利进入桃林镇,除一部逃脱,抓获了 30 余人,缴获了部分枪支,还将缴获的面粉、军毯、衣物等分给百姓。6 月中旬,特务营和手枪团一个分队与高敬亭会合,之后手枪团随高敬亭行动,特务营由手枪团政委刘远臣率领转战鄂东、皖西广大地区活动。特务营在黄冈活动时,曾将抽调骨干和枪支帮助便衣队组建游击队,11 月中旬,在蕲春、太湖边境的界岭附近,歼灭国民党 25 路军 32 师一个营,俘获副团长以下 100 余人。到 12 月下旬,特务营在立煌、商城、麻城边境地区与随高敬亭行动的 1 营和手枪团两个分队会合。

第 244 团 1 营和手枪团两个分队主要向西游击,在豫鄂边牵制国民党军。3 月中旬,方永乐率部来到黄冈,之后决定部队分散行动,1 营由师参谋丁少卿、营长林维先率领到光山、罗山、礼山、孝感、黄陂地区活动,方永乐自率手枪团两个分队在黄冈、麻城地区游击。1 营此前曾组织加强连进行了几个月的平原游击作战,积累了一定的作战经验。1 营从大崎山出发前往豫鄂边境,在麻城、立煌、商城、潢川一带与国民党军周旋。4 月 20 日,1 营进至礼山县老山寨西北的陆家冲,得知鄂东北独立团与国民党 102 师一个团激战。102 师以两个营的兵力分两路向在老山寨活动的鄂东北独立团进攻,形势危急。1 营当即投入战斗,配合独立团两面夹击。102 师被打了个措手不及,经过 1 个多小时激战就溃败。此战毙伤敌 100 余人,俘敌 400 百余人。战斗结束,俘虏经教育后就地释放,但有七八十名俘虏不愿离去,要求参加红军。① 后 102 师主力来援,1 营撤入礼山县大悟山,被其一部包围。为摆脱困境,林维先决定采用化装战术,让部队换上 102 师的军服,连夜突围,一天之内连过三关。而后一个多月部队在礼山、黄安边境活动,并于 5 月中旬按照预定时间在黄陂县木兰山等待与方永乐率部会合。但此时方永乐已在护儿山战斗中牺牲。5 月 14 日高敬亭率领刚会合的红 28 军部队在麻城县护儿山,遭 103 师一个营堵击。方永乐率手枪团抢占制高点,多次打退敌进攻,掩护主力部队安全撤离。战斗中,82 师政委方永乐英勇牺牲,年仅 21 岁。方永乐热情活泼、机智勇敢,具有很强的军事指挥才能,"他对红二十八军的建立、成长和发展,有卓越的贡献。他的牺牲是红二十八军的重大损失"②。

从 5 月底到 10 月中旬,1 营主要活跃在平汉铁路线周边,曾三过平汉线,牵制了大量国民党军。5 月 29 日,1 营从黄冈县大崎山出发,经麻城、礼山,在黄安的老君山里找到鄂东北道委书记陈守信,由其派熟悉路况的特务队带领1 营从孝感县花园以北地区越过平汉铁路,先后在应山县、信阳县一带活动,并攻下平林寨、刘家河、董家寨,在路西扩大了红军的影响,并调动了国民党58 师、64 师和 30 师一部及湖北省保安 11 团的兵力尾随。完成任务后,1 营于 6 月下旬至麻城龟峰山附近与高敬亭会合。7 月中旬,1 营再次奉命到平汉铁路以西活动。7 月中下旬 1 营在孝感县以北跨越铁路,之后在安陆、应山、随县、云梦、应城、京山、钟祥一带活动,通过里应外合、化装战术等方法先后拿下多个寨子,并区别富寨和穷寨,采取不同的政策,树立了红军在群众中的良好形象。在路西活动一个多月后,1 营于 9 月初返回京汉路东,9 月 21 日在岳

---

①　参见《老山寨战斗情况》,载中国工农红军第二十八军战史编辑委员会:《中国工农红军第二十八军坚持鄂豫皖边区三年游击战争史资料选编》,内部,1982 年 12 月,第 180 页。

②　中国工农红军第二十八军战史编辑委员会:《中国工农红军第二十八军坚持鄂豫皖边区三年游击战争史》(初稿),内部,1982 年 12 月,第 73 页。

西县鹳落坪与高敬亭会合。高敬亭让 1 营继续在京汉路以西活动,10 月上旬,1 营三过京汉铁路,活跃于应山、信阳、罗山一带。10 月下旬再返回皖西,在立煌、商城、麻城交界地区活动。11 月,1 营和手枪团会合,在高敬亭的领导下,主要在皖西一带打碉堡破围寨,打击了国民党反动势力。

由第 244 团 3 营改编的 245 团主要向东游击,在皖西鄂东牵制国民党军。柴家山会议后,245 团经黄梅、蕲春到太湖、宿松等地游击。3 月 25 日,245 团奔袭太湖县的徐家桥,击溃由 30 余人组成的守护队,毙 8 人,活捉 8 人,捣毁土寨,烧掉碉堡。4 月初,245 团走出山区、直插平原,采取化装战术,先后攻克潜山县黄泥港,怀宁县三桥头、王家河、小市冈以及高河埠等五镇,直逼安徽省会安庆,威势震惊皖省。紧接着 245 团又向北进入怀宁和桐城县一带。8 月上旬到蕲春、浠水、黄冈一带活动。8 月下旬,高敬亭又决定撤销 245 团,恢复 3 营番号,后一直在皖西、鄂东一带活动。12 月下旬,3 营被撤销,人员分别编入 1 营和特务营。

1936 年 12 月西安事变爆发后,卫立煌的嫡系部队 14 军辖之第 10 师、第 83 师调离鄂豫皖边地区,前来接防的是由冯兴贤任师长的第 33 师,红 28 军的军事压力稍有缓解。1937 年 1 月初,高敬亭集中红 28 军主力(缺手枪团第 3 分队)自商城县,向麻城、黄安一路南下,途中遇 33 师一部阻击,激战后红军主力部队摆脱了国民党军的追堵,由特务营拖着 33 师一部在麻城境内打圈子。2 月 5 日,特务营摆脱敌夹击后,在麻城县城西北的啄立山一带与 1 营会合。6 日,国民党一营兵力由保安分队带路试图袭击红军部队。特务营和 1 营当机立断,决定消灭该路国民党军,由 1 营正面阻击,特务营前出隐蔽迂回,经过 2 个小时的激烈战斗,除 10 余人逃走外,敌大部被歼。3 月上旬,红 28 军各部除手枪团三分队外又集中在一起。3 月 10 日,高敬亭决定在麻城县王通地区对尾随而至的 33 师 193 团两个营进行打击,经过 4 个多小时的激战,全歼敌 2 个营,当场击毙 193 团团长和营长各 1 人,缴获各类枪支 400 余件,子弹 8000 余发,电台一部,是红 28 军取得的一场较大的胜利,极大地鼓舞了官兵的斗志。王通战斗后,国民党 33 师决定组成两个追剿纵队,在 32 师、65 师、102 师和湖北省保安队一部的协助下,对红 28 军主力进行分路追剿。在摆脱国民党军的封锁线后,4 月上中旬高敬亭决定部队再次分散游击,由 1 营与从黄冈战斗 2 营改编的 244 团新 2 营共同行动,后在京汉铁路东西两侧分头游击、相互配合。由军部秘书胡继亭和刚任命为 244 团副团长的林维先率特务营和手枪团第 3 分队到黄冈一带活动,高敬亭亲率手枪团两个分队到光山、罗山一带游击。经过近一年的分散游击作战,红 28 军各部队都有了分散游击作战的经验,多次粉碎国民党"清剿"部队的围追堵截。

(二)地方武装配合红 28 军开展游击战争

在红 28 军主力分散各地游击作战时,鄂东北道委和皖西特委所领导的地方武装也积极配合主力展开游击作战,不断扰敌疲敌袭敌,形成共同夹击国民党军的态势。

鄂东北道委领导的地方武装主要以鄂东北独立团为基干力量。在红 25 军撤离苏区后,鄂东北独立团先后重组过三次。1934 年 11 月底,鄂东北道委第一次组建鄂东北独立团,共 300 余人,该部由方永乐和徐诚基带去皖西找高敬亭,后与皖西的 218 团合编为红 28 军。1935 年 1 月上旬,鄂东北道委又将光山独立团留下的 1 个营、河口特务队、部分游击队、便衣队等 200 余人,再次组建了鄂东北独立团和 1 个特务营。2 月下旬,又组建了特务 2 营。5 月,红 28 军西进桐柏山途经鄂东北地区时,将再次组建的鄂东北独立团和两个特务营大部编入红 28 军。5 月底,鄂东北道委将独立团留下的部分骨干和伤病员、部分游击队、便衣队集中,第三次组建独立团,由熊先春做团长,洪益万任政委。

鄂东北独立团第三次重组之时,正面临着国民党军对鄂东北老根据地实行"碉堡、递步哨、倒林"三位一体的"清剿"计划,给红军游击队的生存带来极大的困难。特别是进行"倒林",将山上的树林全部砍倒,再烧山、搜山,使红军游击队无处藏身。6 月底,鄂东北独立团在新苏区西北的灵山一带活动,国民党军得知消息后,立即派第 111 师、第 112 师、第 120 师前来围剿。7 月 2 日,独立团由灵山向何家寨撤离,当天下午摆脱追敌到达香炉寺。此后,为牵制国民党"清剿"苏区的兵力,独立团离开香炉寺,到东新店、姚店、五岳山、大毛寨一带山区活动。七八月间,独立团和特务队一直活跃在灵山周围广大地区,发动群众,发展便衣队组织,安置伤病人员,加强军政训练,发展和巩固了灵山游击区。9 月,负责鄂东北"清剿"任务的东北军 57 军各部调往西北。鄂东北地区军事压力稍有缓解,鄂东北道委利用这一难得的机会,大力发展地方武装,巩固和扩大游击根据地。1935 年冬,鄂东北道委将教导队、部分便衣队、伤愈战士和道委交通队部分队员,组成一、九路游击队。1936 年 1 月,以光山特务三大队、原光麻中心县警卫连和从罗陂孝特委调来的两个新兵班,组成三路游击师。① 三路游击师与独立团相互配合,寻机歼敌,成为鄂东北道委打破国民党军对鄂东北多次"清剿"、发展和巩固游击根据地的骨干力量,1936 年 2 月,鄂东北独立团一度跨过平汉铁路,到应山、信阳一带游击,在花山一带开辟了一小块游击根据地。

1936 年 3 月,在红 28 军决定进行分散游击时,卫立煌也进一步加强了对鄂东北地区的"清剿"力度,从贵州调来善于爬山的 102 师、103 师来取代东北军 57 军、67 军调离后的空缺,将 58 师、82 师配置在平汉铁路沿线,担任护路任务。湖北省政府也成立"清剿"总指挥部,由省保安处丁炳权兼任总指挥,负责指挥调度黄梅、黄安、广济、浠水、蕲春、英山、罗田、黄陂等 10 县保安团,"务于最短时间歼灭尽净,以绝根株"②。针对新的形势要求,鄂东北独立团主要以支援和配合红军作战,打击国民党"清剿"部队为主要作战任务。为了打击国民党 102 师、103 师的嚣张气焰,3 月 26 日,鄂东北独立团在礼山县王店

---

① 参见中国工农红军第二十八军战史编辑委员会:《中国工农红军第二十八军坚持鄂豫皖边区三年游击战争史资料选编》,内部,1982 年 12 月,第 13—15 页。
② 《中央日报》,1936 年 3 月 9 日。

地区与红28军手枪团1分队会合,发现102师约一个营的兵力向王店方向行进,当即决定进行打击,由独立团和特务队担任正面阻击任务,手枪队化装成敌25路军别动队,迂回敌后夹击。激战约8个小时,歼敌约2个连,毙敌百余人,俘敌40余人。4月上旬,独立团在便衣队的配合下,先后攻克了黄安县檀树岗集镇和麻城县的余家河,摧毁碉堡数十个,缴获枪支50余支。4月下旬,独立团在红28军244团1营的夹击下,在老山寨击溃102师一个团。5月间,鄂东北独立团在平汉铁路沿线活动,牵制了国民党的护路部队和保安团,有力配合了第244团1营和手枪团在鄂东北的平原分散游击行动。6月上中旬,独立团到光山县南向店一带活动。这里地主武装势力十分顽固,修筑了许多寨子碉堡,号称九里十八寨,极端仇视红军游击队。独立团决定进行打击,经过仔细侦察,秘密发动群众,了解寨子的守备情况,研究了攻打方案。随后,独立团利用抓住敌人夜间守备松懈的弱点,连续攻下仁和寨、半月山寨等8个寨子,沉重打击了反动地主势力,稳固了老苏区以北地区,鼓舞了群众的革命斗志。此后,独立团多次穿越平汉线,深入敌后在豫鄂边境广大区域活动,在各路游击师和便衣队的配合下,多次与保安团、地主武装作战,消灭大量敌人,巩固老根据地,建立新游击区。

活跃在皖西地区的地方武装最初主要是皖西特委领导的246团,后陆续组建了皖潜游击大队、四路游击师、罗汉尖游击师等。皖西的地方武装各路游击师、商北大队等后来大多编入了红28军,包括246团的主力部队也曾多次补充给红28军,1935年5月,红28军主力部队决定西进桐柏山时,高敬亭将246团一个连补入红28军,店前河会议后,高敬亭又将246团的两个连和手枪队的两个班补入红28军,最后只剩下20余人跟随特委书记徐诚基行动。其中商南大队和潜太游击队一直坚持斗争到国共合作。[①] 这期间,皖西北特委组建的皖西北独立游击师也有力支援配合了红28军的作战。皖西北独立

---

① 参见中国工农红军第二十八军战史编辑委员会:《中国工农红军第二十八军坚持鄂豫皖边区三年游击战争史资料选编》,内部,1982年12月,第59、63页。

游击师的前身是 1934 年秋由中共皖西北临时特委组建的皖西北游击大队。1935 年 4 月,游击大队一部在舒城、潜山交界的主薄原、黄麦园与皖西特委书记徐诚基及 246 团取得联系,两支队伍一度相互配合,并肩作战,消灭不少反动民团,使部队得到较好的补充。1935 年夏,游击大队改编为游击师,孙仲德任师长,张如屏任政委。为支援主力红军作战,游击师还将一个连的兵力补充到红 28 军,同时为提高部队军政素质,还派各连轮流到苏区学习整训。高敬亭还专门派了一名副营长,去传授游击战争的经验,并担任游击师副师长,帮助训练部队。① 在红 28 军出击外线分散作战的同时,皖西各地方武装主动出击打击留守的民团和保安队,仅赤南、赤诚两地,曾在一个月内打开碉堡 60 余座,有力地牵制了敌军,支援了主力红军的作战。

(三)便衣队的蓬勃发展与群众性游击战争的展开

仅有主力部队和游击队而没有群众参与的游击战只是小规模的、战术层面的、起配合作用的作战样式,是很难持久的。鄂豫皖边游击战争一个非常重要的特点就是把群众动员起来、组织起来,直接参与到广泛的敌后游击战争中,大规模、群众性的游击战争为主力部队和游击队的坚持斗争奠定了牢固基础。这种群众性游击战争的组织形式主要是便衣队。便衣队早在 1933 年秋红 25 军还在鄂豫皖边坚持斗争时就已经出现了。当时红 25 军和游击队的游击行动面临较大困难,便衣队一出现就得了中共鄂豫皖省委的重视。1933 年11 月,沈泽民代表省委写给中央的报告中,高度肯定便衣队的组织形式和地位作用,指出:"现在最有发展希望最重要的运动,就是便衣队的运动。这个运动本来是从群众中自己发生起来的革命的农民,三人、五人自己成立一队,用短枪、短刀、刀矛等武装,在夜间去杀反动或袭击敌人。因为他的队形小且便装及在当地行动,不易为敌人所觉察,行动便捷,所以是赤区或敌人占领区

---

① 参见朱国栋:《中共皖西特委的斗争始末》,载皖西革命斗争史编写组:《皖西革命回忆录》(第二次国内革命战争时期·下),黄山书社 1984 年版。

域中都极为适宜的一种游击武装的方式。并且容易广泛发动成为一种群众运动,我们现在决定用党、苏维埃、红军及游击队的全部力量,去发展这种武装形式。"①此后,便衣队得到了较快的发展,起到了较好的作用,在红25军撤离前,"工作最好之区,每两乡有一便衣队,其次每区有一便衣队",根据地"一切秘密工作、群众工作、侦探工作、党的大部分工作都在这便衣队的组织当中"。②

红25军战略转移后,由于老苏区基本上被国民党军占领,公开的政权组织都被摧毁,红军游击队主力部队几乎天天被国民党军围堵阻击,只能在山区立足,发动群众、建立根据地等工作很难展开,导致伤病员安置、情报搜集、筹粮筹款等工作遇到很大的困难。这时,利用便衣队的斗争形式在敌占区组织发动群众、进而开辟新游击区的任务显得更为突出。因此,高敬亭和地方党组织都非常重视便衣队的发展,在行军之地经常有计划地将红军游击队的一些骨干留下来发展便衣队的组织。便衣队的作用也得到充分发挥,从最初安置红军伤病员、打探情报等工作,到后来承担着发展武装、牵制敌军、开辟根据地等任务,既是一个全副武装的秘密游击小分队,同时也实际承担着党的基层组织和基层政权的功能,是主力红军和游击队坚持游击作战的有力后方和可靠保证。据不完全统计,共有111个便衣队活动在广大的鄂豫皖边区。③ 便衣队员在山地与平原,内线与外线,遍地开花、灵活机动、行动迅捷,英勇而巧妙地牵制打击敌人,以各种斗争形式有力地支援和配合红28军和地方武装的游击作战,展示了广泛性群众性游击战争的强大威力,初步呈现了陷敌于人民战争汪洋大海的样态。

---

① 《鄂豫皖省委给中央的报告——秋收经过及苏区现状(1933年11月10日)》,载中央档案馆等编:《鄂豫皖苏区革命历史文件汇集(1929—1934)》(省委文件),甲2,1985年5月,第416页。

② 《鄂豫皖省委郑位三给中央的综合报告——敌军的布置,红军及苏区的情形(1934年9月19日)》,载中央档案馆等编:《鄂豫皖苏区革命历史文件汇集(1929—1934)》(省委文件),甲2,1985年5月,第540页。

③ 参见中国人民解放军历史资料丛书编审委员会:《南方三年游击战争(鄂豫皖游击区)》,解放军出版社1992年版,第17页。

有的便衣队仍在内线坚持斗争,保留老苏区的革命火种。在老苏区被国民党占领后,主力红军撤离后留下的基层党组织和部分武装继续坚持作战,这些骨干力量多数以便衣队的形式在当地山区坚持斗争,意在保留革命的火种,保持与群众的基本联系。如以熊家河为中心的赤城老苏区,在主力红军和地方武装(商北游击大队)被迫离开后,这里仍留下了数支便衣队在熊家河地区坚守,其中杜立保领导的便衣队活动在熊家河、悬剑山、大合冲等,他们镇压反动分子,宣传革命形势,照顾红军烈士家属、红军家属和基本群众,筹集粮款等,平时分散做群众工作,需要攻打较大的据点时,就集中几个便衣队,统一指挥,联合行动,取得战斗胜利后,又立即转移分散活动,一直坚持斗争到1938年3月才编入新四军第4支队。①

离熊家河只有90里路的金岗台,留下了"金岗台红旗不倒"的佳话。1935年夏,主力红军留下的部队伤病员和赤城县委机关人员转移到位于安徽金寨县西北部的金岗台,这里环境十分恶劣,有"六月炎天穿棉袄、十冬腊月冻死鸡"的说法。在县委书记张泽礼的领导下,将带来的80多人分别组成了第1和第2两个便衣队,化装成药农、樵夫,在金岗台周围联系群众,侦察敌情,打民团,除豪绅,搞武器,配合红28军和山下游击作战。1936年5月间,红28军要送伤员上山治疗,为配合打击尾随之敌,县委决定让便衣1队从狗迹岭一带出击,2队出击东面熊家河一带,余部下山打民团,三路一起行动,把敌人引走,顺利接应红28军伤病员上山。但是,坚持内线作战的便衣队是异常艰苦的,由于国民党不断加大封锁力度、移民并村,断绝便衣队与山下群众的联系,有时"三五天不吃东西是常事","几乎每天都要和敌人打交道,每天都要跑山路。没穿过棉衣,没睡过整夜觉"。② 在鄂东北的光麻苏区、红安苏

---

① 参见张国安:《三年游击战争时期的熊家河》,载中国人民解放军历史资料丛书编审委员会:《南方三年游击战争(鄂豫皖边游击区)》,解放军出版社1992年版,第233页。

② 李春华:《巍巍金岗台》,载中国人民解放军历史资料丛书编审委员会:《南方三年游击战争(鄂豫皖边游击区)》,解放军出版社1992年版,第240—245页。

区等都普遍组织便衣队,基本上每个区都有,有些区有好几个,光山南区就莲塘山、杷棚、冯高山等 3 个便衣队,新县八里区有 4 个便衣队,罗山四区有 5 个便衣队,红安三区最多有 8 个便衣队。这些便衣队有些是主力红军放下的,有的是地方党组织和武装建立的,他们有的依托崇山峻岭与敌周旋,有的活动在平原隐身于群众之间,做敌军工作、搜集情报、筹集粮弹等,一直坚持到三年游击战争的胜利,这不仅始终有力牵制了国民党的兵力,同时老苏区的存在也成为大别山红旗不倒的重要象征,是红军坚守游击战争重要的精神支撑。

有的便衣队深入敌后,开辟新的根据地。鄂豫皖边红 28 军主力部队曾多次试图开辟新的根据地,都没有获得成功,这主要是由于敌我力量过于悬殊,国民党追剿部队紧追不舍,红 28 军基本上都是处于行军状态,根本无暇做发动群众、建立新立足点的工作。相反,便衣队灵活精干,目标小容易避开国民党军的注意力,通过艰苦细致的群众工作,反而容易生根立足。1936 年 3 月中旬,方永乐率部到黄冈大崎山游击时,与当地党组织负责人漆先廷取得联系后,从部队抽出 9 名同志组成便衣队,留在当地活动。5 月 28 日,高敬亭率部路过此地时,又挑选了 10 名骨干,组成黄冈便衣队,由领导过便衣队工作的汪少川任队长,张建月为指导员。便衣队全部配备短枪。经过一年多的艰苦努力,创建了以大崎山、杜皮嘴为中心,方圆二百里的游击根据地,成为主力红军人力、物力、财力供给的重要基地,黄冈便衣队曾动员 400 多名青年参军,先后组建两个战斗营,都成建制地编入了红 28 军。1936 年 6 月《申报》的汉口通信栏目,对这块根据地还进行了专门报道,称"从前匪入县境,尚属游击性质,最近匪以地方绝无抵抗实力,为久踞计,择地建设苏区,东以龟峰山脉左右之垒峰山、洗马河、胡家山、白沙岭为根据地,南以黄冈属之大崎山与龟峰山接脉之林家山、七里冈、梅花园、丁家山等处为根据地",国民党军追剿部队对此也没有办法,因"匪现化整为零,步队追剿向前,匪又忽焉在后,以故大军过去,皆目为无匪",认为在根据地内"匪已明目张胆,四张皆有组织,匪区日见扩大,滋蔓难图"。① 可见,由便衣队开辟这块根据地已经初步形成,成为国民党军和当地地主豪绅的眼中钉。

还有灵山游击根据地的创建也比较典型。1935 年冬,鄂东北独立团领导人陈守信在平汉铁路的东西——灵山、应山地区放下一支 10 人的便衣队,以徐国顺为队长,黄锦思为指导员,通过打土豪、分粮给贫穷农民,逐步赢得了群众的信任,用亲连亲、邻连邻、朋连朋的办法秘密进行串联,很快就发展建立了几百个农民小组。接着,又成立妇女会、儿童团、少先队等群众组织,并站稳了脚跟。后在地方武装的支持和协同配合下,经过多次战斗的胜利,终于开辟出一片游击根据地。灵山便衣队也先后组建十几支小游击队,有上百人加入了红 28 军。② 还有皖西特委新开辟的舒霍潜太边游击根据地,开展工作的基本力量就是便衣队,特委陆续发展了 8 支便衣队,每支便衣队都建立了党支部,他们逐个村庄做工作,扎根于贫苦农民中,团结广大劳动人民,动员群众拥护共产党和红军,"一段时间,便衣队和地方党可以半公开活动,伤病员、红军指战员可以着军装公开单独行动"③。这些建立在敌占区的根据地,尤如插入敌心脏的利刃,与坚持在内线的根据地互为犄角,战略上相互支持和配合,共同打击牵制敌人,为坚持三年游击战争作出重要贡献。

---

① 《申报》,1936 年 6 月 26 日。

② 参见黄锦思:《灵山便衣队》,载中国人民解放军历史资料丛书编审委员会:《南方三年游击战争(鄂豫皖边游击区)》,解放军出版社 1992 年版,第 240—245 页。

③ 朱国栋:《中共皖西特委的斗争始末》,载皖西革命斗争史编写组:《皖西革命回忆录》(第二次国内革命战争时期·下),黄山书社 1984 年版,第 145—146 页。

第四章 鄂豫皖边游击战争的胜利结束

随着日本侵华步伐大大加快，中日民族矛盾开始取代阶级矛盾成为中国社会的主要矛盾。1936年12月西安事变的和平解决，大大推动了建立抗日民族统一战线的进程。之后国民党政府采取"北和南剿"的方针，在与中共中央进行谈判的同时，继续加大兵力对南方各省红军游击队进行"清剿"，并将重点放在了鄂豫皖边区。1937年4月，鄂豫皖边游击战争进入了最为艰苦的阶段，边区军民在党的领导下克服重重困难、顽强坚持斗争、付出重大牺牲，艰难挫败了国民党新一轮的"清剿"。卢沟桥事变后，高敬亭抓住全民族抗日救亡这一形势的新变化，果断与国民党政府谈判，经过斗智斗勇，坚持原则性与灵活性相结合，最终达成了停战协定。1938年2月，在中共中央统一领导和部署下，鄂豫皖边区红军、游击队和便衣队改编为新四军第4支队，随后奔赴抗日救国新的战场，实现了由国内革命战争向全民族抗日战争的战略转变。鄂豫皖边三年游击战争自此胜利结束。

一、应对极端困难,顽强坚持游击斗争

(一)国民党部署新的"清剿"计划

随着鄂豫皖边游击战争的深入开展,红 28 军分散行动、游击歼敌,地方武装牵制配合,便衣队遍地开花,革命之火又呈燎原之势,当时国民党的报道也称"前此赤匪不过以高山深谷为凭恃,为害只在偏僻,近则蔓延而至长江,诚出意外,……自由行动,肆行无忌,引火燎原"①,令国民党围剿部队疲于应付、苦不堪言,急欲"早为清除,以竟剿匪全功"②。西安事变和平解决后,国民党在西北的军事压力暂时缓解,蒋介石腾出手来重点"清剿"鄂豫皖边的红军游击队,并重新调整了组织机构和兵力部署。1937 年 4 月 27 日,国民党军事委员将豫鄂皖边区主任公署撤销,设立豫鄂皖边区督办公署,由更有经验的卫立煌任边区督办③,为防止出现此前"军政不相连系,未能相携俱进,以致不易彻底剿除"的现象,大幅提升卫立煌的职权,授予其"对于辖境内行政专员,如认为有撤换必要时,得遴选富有政治军事知识经验并合于法定资格者,电呈行政院核请简派;对于辖境县长有撤换必要时,遴选适当人员合于法定资格者,电由各该省政府荐请任用",甚至在特殊情况下,可以"暂行派员代理"④。卫立煌走马上任后,"厉行三分军事七分政治之原则",采取"剿抚兼施""军政并用"的方针,调整部队,重划防区,采取"筑碉、清乡、编组保甲"并用,在鄂豫皖边区部署了正规军 7 个师另 1 个旅共 38 个团,将"清剿"重点放在鄂东,仅部署在鄂东地区的保安团就由原来的 4 个增加到 12 个,在兵力的使用上也有新的变化:一是要求"驻剿"部队由原来驻城市、集镇和交通要道改为进山扎寨,

① 《光华报》,1936 年 8 月 8 日。
② 《武汉日报》,1936 年 12 月 12 日。
③ 参见《中央日报》,1937 年 4 月 28 日。
④ 《安庆晚报》,1937 年 5 月 16 日。

如天台山、老君山、鸡笼山、大崎山、鹳落坪、大岗岭、金岗台等老苏区的山地都建立碉堡,密布成网,国民党正规军在此安营扎寨,从而大大缩小了红军游击队的活动范围;二是要求"追剿"部队,对红军主力采取远距离多层次包围、分进合击,对便衣队则长期"驻剿"、反复搜山,使各地的便衣队不能相互联系、支援,没有回旋的余地。①

在国民党中央政府和边区督办卫立煌的高压督促下,鄂豫皖各省地方政府也加大配合力度,实行比以往更加严格的移民并村、保甲制度等,如湖北第四区专员程汝怀拟定严格移民并村办法,并亲自去督办,要求"移并时如有故意拖延,即派军队团队武装壮丁勒令迁移,倘仍抗不遵从,即能通匪论罪";"移并后不准有一人私自回原来之家歇宿,并不准私留牲畜谷米杂粮,以为匪利用";"移并后如须耕作原有田地,应报告保甲长请就近驻军或团队掩护,日暮时仍须回移并地点,如违即以通匪论罪,并对其他具县保切结合户实行县坐";"移并地如无碉堡,即一面搬迁,一面建筑,随派兵或壮丁守护"。并村之后,还要求"各保长按日清查户口,如人数不符,即将户主或外来之人,解送县保办公处或转区解县治罪"。② 此外,还采取"霸路"(即在便衣队经常出入的路口设递步哨,或者在主要道路上埋下大量手榴弹)、"摸鱼"(即通常在深夜秘密将村庄包围,天亮后进行搜查),以及大搞政治欺骗活动,强迫群众自首,胁迫群众为其当坐探等,其最终目的就是要彻底封锁断绝红军便衣队与人民群众的联系,企图使红军便衣队陷入绝境。

(二)边区军民艰难应对国民党新的"清剿"

到 1937 年 5 月底,国民党军对鄂豫皖边新一轮的"清剿"部署基本完成。此时,红 28 军主力基本以营为单位分散在鄂东北地区和平汉铁路两侧活动,高敬亭亲率手枪团两个分队到光山、罗山一带检查工作,244 团副团长林维

---

① 参见林维先:《敌后三年》,浙江人民出版社 1982 年版,第 247 页。
② 《中央日报》,1937 年 6 月 26 日。

先率特务营和手枪团三分队到鄂东黄冈一带活动,244 团 1 营和新 2 营在京汉铁路东西两侧分头游击。由于此前红 28 军主力和地方武装、便衣队连续打破了国民党军的三次"清剿",特别是近一年多的分散游击,开辟了一些新根据地,打了不少胜仗,同时也产生了一些轻敌情绪,根据地军民对即将到来的第四次"清剿"的严重困难并没有足够重视,也没有进行充分的准备。不仅如此,高敬亭在鄂东北老苏区和新苏区检查工作时,还开展了错误的肃反,鄂东北道委、罗陂孝特委、光麻特委和九路游击师的主要负责人,以及鄂东北独立团团长、政委等一批有着长期丰富的对敌斗争经验的干部被错杀或扣押,这严重削弱了反"清剿"斗争的领导力量。① 这些因素又进一步加大了即将到来的反"清剿"斗争困难程度。

由于上述种种主客观因素,反"清剿"斗争刚开始的一段时期,红 28 军主力及地方武装、便衣队接连受挫。国民党此次"清剿"的重点放在鄂东北地区,鄂东北道委及领导的鄂东北独立团首当其冲。1937 年 5 月上旬,鄂东北独立团在黄安县老君山、天台山一带遭国民党追剿部队 102 师一个团包围,部队分散突围后于刘家山又遭敌阻击,受到较大损失。5 月底,鄂东北道委机关和部分直属队 200 余人及手枪团第 2、第 3 分队也在老根据地被敌包围,突围至卡房一带又与敌军遭遇,激战中道委机关和直属队被打散,其中大部分人壮烈牺牲。6 月 7 日,独立团突围后进到礼山县以东的高庙、沙河店一带又遭国民党 47 师一个团包围,部队被迫撤至两义河,由于连日大雨,山洪暴发,部队伤亡较大,只有 30 余人突出重围,鄂东北独立团遭到组建以来最大的一次损失。②

大崎山根据地也是此次国民党划片"清剿"的重点地区,1937 年 6 月 5

---

① 参见李长如:《飘扬在鄂东北的红旗》,载中国人民解放军历史资料丛书编审委员会:《南方三年游击战争(鄂豫皖边游击区)》,解放军出版社 1992 年版,第 195 页。

② 参见中国人民解放军历史资料丛书编审委员会:《南方三年游击战争(鄂豫皖边游击区)》,解放军出版社 1992 年版,第 22 页。

日,活跃在这里的特务营和手枪团第 3 分队准备离开大崎山向麻城方向转移,在黄冈县与新洲交界处的望兵寨与国民党军 33 师 193 团遭遇。特务营前哨排先敌占据望兵寨制高点,主力向敌前卫营主力侧后迂回,夹击敌人。经过 2 小时的激烈战斗,击毙敌营长及歼其大部,部队随即经麻城境内向老苏区天台山地区转移,欲按原计划与高敬亭会合。① 但此时,特务营和手枪团第 3 分队已经成为卫立煌重点追剿的对象,除派国民党 33 师以大部兵力紧追不舍,还调动 11 路军及 32、33、47、102、103 各师编成的追剿队和保安第 8 团、第 15 团一部从多个方向进行合围。但特务营和手枪团第 3 分队没有掌握到这一严重的敌情,6 月 9 日当特务营和手枪团第 3 分队来到经扶县箭河东南约 5 公里的高家湾、方家湾地区时,因担心把尾随之敌带到天台山老根据地,决定部队原地待命,由随军行动的军部秘书胡继亭去向到高敬亭请示。结果,部队在高家湾、方家湾等了一天,没有等来胡继亭的请示命令,却被十倍于己的国民党军层层包围。情况十分危急,特务营和手枪团第 3 分队决定连夜突围转移,经过两昼夜的苦战,突出了重围,虽然给敌以重大杀伤,但自身也受到了较大损失。部队突围后仅集中了 190 余人。

高敬亭为摆脱鄂东北独立团、特务营和手枪团连接受挫的被动局面,于 6 月 12 日令 244 团第 1 营和由黄冈战斗 2 营改编的新 2 营到平汉铁路以西活动,以期调动鄂东北国民党追剿部队。当天下午,部队在过京汉铁路时,突遭国民党 102 师一部截击,1 营大部已经过到铁路以西,但新 2 营和承担军事哨任务的 1 营 2 连 4 班未过铁路线。随后 1 营 2 连 4 班改编为营手枪队,随 2 营行动。次日拂晓,部队向西北方向行进,行至门坎岭遭到 102 师大部三面围攻,营首长决定由 6 连和手枪队掩护营主力向西北方向转移。6 连和手枪队激战到下午才摆脱敌人,仅 30 余人突围。此后,营主力在罗山、光山、麻城一带活动,其中多次遭敌阻击,部队损失较大,关键时刻营长李德寿离队,政委吴

① 参见《望兵寨战斗情况》,载中国工农红军第二十八军战史编委会:《中国工农红军第二十八军坚持鄂豫皖边区三年游击战争史资料选编》,内部,1982 年 12 月,第 205 页。

绍先被打散,只剩下副营长陈德茂一人领导部队。26 日拂晓前,部队在麻城县卢家河附近山上的一个大庙休息,由于连续多日行军作战,部队极度疲劳,哨兵也睡着了。部队在沉睡中被国民党追剿部队乘机包围袭击,除少数人突围外,大部牺牲。这支刚成立改编仅 2 个月的部队就不复存在了,是红 28 军新组建以来第一支遭到成建制损失的营级单位。

面对突如其来的严峻形势,红军游击队调整斗争策略,依靠便衣队和人民群众,收拢被打散的部队,扩大游击区域,保存实力,克服重重困难与敌周旋。6 月中旬,鄂东北道委决定第四次重建鄂东北独立团,将在光山、麻城一带活动的第三路游击师与突围出来的 30 余人合编,由顾士多任团长,李士怀任政委,辖 2 个连和 1 个手枪队,共 140 余人,经过整编后的鄂东北独立团吸取教训,在黄安、麻城、光山、罗山等地继续坚持斗争。特务营和手枪第 3 分队突围后在罗山、黄陂、孝感三县边界地区与高敬亭会合,高敬亭将突围的部队编为 2 个连,由政委漆德庆、副营长吴万盈带领去黄冈一带活动,林维先率营部又折返经扶县高家湾。6 月中旬,手枪团第 1 分队在高家湾与林维先会合后奉高敬亭之命去黄冈与特务营会合。7 月初,手枪团第 1 分队与特务营和潜山战斗营在黄冈县神仙寨、雍和山地区会合后,移至黄冈县团风镇东 12 公里的白羊山地区整编,将潜山战斗营编为特务营 3 连。7 月 5 日,国民党 103 师 1 个营追赶而来,进至白羊山北侧两公里的桥家边、柳树湾地区。见敌孤军深入,特务营和手枪团 1 分队决定占据有利地形对其进行打击。经过 3 小时的激战,击毙敌营长以下 300 余人,缴获步枪 200 余支,子弹千余发。[①] 战斗结束后,部队此后一个多月在浠水、蕲春、广济、英山、罗田、黄冈、麻城、立煌等县广大地域坚持游击作战,灵活机动寻机歼敌。第 1 营冲过平汉线后,摆脱敌人的包围,随后在应山、钟祥、京山、枣阳、桐柏一带坚持游击斗争,先后袭击了 30 多个敌据点。在这期间,1 营还与周骏鸣领导的鄂豫边红军游击队会合,并

---

① 参见《白羊山战斗情况》,载中国工农红军第二十八军战史编委会:《中国工农红军第二十八军坚持鄂豫皖边区三年游击战争史资料选编》,内部,1982 年 12 月,第 215—216 页。

配合鄂豫边红军游击队智取了信阳县邢集西北蔡冲大地主蔡守恭的寨围子，为鄂豫边红军游击队扩大巩固根据地，提供了有力的支援和配合。突围出来的手枪团2分队、3分队则在高敬亭的带领下，于6月下旬从罗山出发前往皖西，以牵制调动国民党军，其间经过光山、麻城、浠水、罗田、英山等县，并在光山县南向店附近，消灭反动民团100余人，击毙民团头目易本应，部队于7月中旬到达岳西县南田村。

红军游击队遭到前所未有的损失的同时，各地的便衣队组织也遇到了极大的困难。为了对付便衣队，国民党实行严厉的移民并村和保甲制度，专门成立搜剿便衣队的特务队、别动队、"清剿"大队和"铲共义勇军"、联保队，与正规军一样"进山扎寨"，对隐蔽在山林间的便衣队，有针对性地放火烧山、砍树，在大的山头和交通要道修筑碉堡，采取"霸路""跟路""摸鱼"等措施，对于隐藏在群众家的便衣队，采取清乡、搜查户口、连庄连坐，搞秘密暗探、别动队等，导致便衣队建立的群众基础大部队被摧毁，便衣队与群众的联系大都被断绝，所控制的地区也基本丧失，多数便衣队受到了不同程度的损失，一部分便衣队员英勇地牺牲。[1]

在严重困难的形势面前，便衣队员并没有被吓倒屈服，依靠主力红军的支援和人民群众的帮助，英勇机智、顽强斗争，想尽一切办法对付国民党残酷的"清剿"措施，在极端恶劣的环境中生存下来。为了彻底捣毁便衣队的生存环境，国民党在便衣队经常活动的山区放火烧山、砍树搜山，先派军队将整个山围住，将山上的树林全部砍倒，晒两天等树木干了就点火烧，一批人在山上丢石头，一批人在山下纵火，然后再上山搜。便衣队员一般采取跳火、滚火的办法，火烧到身边时，用行李将头包住，从火里滚出来，有时事先得到群众的消息，就提前转移。特别是移民并村后，群众上山生产都要进行检查，只能带够

---

① 参见《鄂豫皖边区便衣队的一些基本情况》（1944年11月28日），载中国人民解放军历史资料丛书编审委员会：《南方三年游击战争（鄂豫皖边游击区）》，解放军出版社1992年版，第67页。

自己吃的东西,不能带其他东西上山,便衣队及山上的伤病员吃饭问题没有办法得到解决。这时,除了少数便衣队员依靠事先的一点存粮,靠着山上的野菜、野果,有时群众冒着危险送来一些粮食,在山上坚持着,许多便衣队员开始转到丘陵地带和平畈地区活动。在鄂东北老苏区,卡房、天台山、老君山等根据地破坏得非常厉害,便衣队转移时,还陆续把在老区住的几百名伤员和工作人员转移出来。在皖西,岳西县大岗岭、鹞落坪、小河南等地的便衣队除少数原地坚持外,大都转移到霍山、潜山、太湖一带活动。隐藏在群众家中的便衣队员,更是依靠群众的帮助,机智巧妙地躲过敌人的一次次搜捕。红安三区便衣队开始多数躲在群众家中的楼上,后被敌人识破受了损失,于是老百姓就把便衣队和伤员藏在夹墙里,晚上还经常从这村转移到另一个村子。同时,便衣队还秘密开展统战工作,争取当地的保甲长、富农,甚至地主士绅的支持,统战工作做得好的地方,既可让保甲长对便衣队的行踪不闻不问,还帮助收留伤病员,提供情报,同时还让他们为红军便衣队代为征粮筹款。在岳西鹞落坪,对地方士绅的工作做得很好,由于不侵犯他们的利益,他们不仅给便衣队提供情报,还供给西药、器材等。广大便衣队员也正是紧紧依靠人民群众,凭着革命必胜的坚定信念,采取各种灵活巧妙的办法,坚毅顽强、英勇斗争,才得以度过这段三年游击战争时期最为艰苦的岁月。[1]

二、国难当头,红 28 军与国民党军
进行停战谈判

自 1935 年 12 月中共中央政治局瓦窑堡会议确立建立抗日民族统一战线的方针后,中国共产党对国民党的态度由"反蒋抗日"开始向"逼蒋抗日"转

---

[1] 参见《鄂豫皖边区便衣队的一些基本情况》(1944 年 11 月 28 日),载中国人民解放军历史资料丛书编审委员会:《南方三年游击战争(鄂豫皖边游击区)》,解放军出版社 1992 年版,第66—70 页。

变。1936 年 5 月中共中央向南京国民政府、军事委员会发出《停战议和一致抗日通电》，1936 年 9 月，明确指出"逼蒋抗日"的方针，①1936 年 12 月西安事变和平解决以后，中共中央决定"联蒋抗日"，加快与国民党谈判的步伐。1937 年 2 月 10 日中共中央致电国民党五届三中全会，提出停止内战、一致抗日等五项要求和四项保证。实现从国内革命战争到全民族抗日战争新的战略转变，这也是全国革命形势发展和中国共产党政策转变对南方各游击区的必然要求。中共中央关于建立抗日民族统一战线的系列政策指示，或运用各类公开宣言、声明，或通过各种爱国组织，或通过白区地下交通等各种途径传达到南方部分游击区。但是，由于南方各游击区在各主力红军长征后，与中央的联系基本中断，处于独立自主发展阶段，很难及时得到中央的指示精神。同时，各游击区由于所处地理位置及工作方式的不同，得到中央指示精神的方式、途径及时间都存在较大差异，其中闽粤边、闽西、浙南等靠近沿海的游击区基本上在 1937 年上半年就通过各种途径与中央联系上了，像闽西游击区在 1937 年 5 月就开始与国民党接触谈判。身处闭塞山区的赣粤边、鄂豫皖边等处于内地的游击区与中央的联系则更为困难，时间也相对较晚。

中共中央对鄂豫皖边游击区一直非常关心，曾多次派交通员到鄂豫皖边区，但都没有与高敬亭直接联系上。1937 年 5 月 23 日，周恩来就国共合作事宜在与顾祝同的谈判中，专门提出要和南方各苏区联络的事宜，并希望首先派人去鄂豫皖和湘鄂赣。② 顾祝同也答应向蒋介石致电请示，但蒋介石直到 8 月中旬才同意派人去南方各游击区联系。高敬亭也一直试图与中央联系，但自从红 25 军战略转移后，除了在 1935 年 5 月 14 日及 7 月 16 日，皖西特委书记徐诚基和高敬亭分别写了一封信通过皖西北特委转呈中共中央外，一直未

---

①　参见《中央关于逼蒋抗日问题的指示(1936 年 9 月 1 日)》，载中央档案馆编：《中共中央文件选集》(1936—1938)，中共中央党校出版社 1991 年版，第 89 页。

②　参见中共中央文献研究室编：《周恩来年谱(1898—1949)》(修订版)，中央文献出版社 1998 年版，第 372 页。

能与中央建立直接联系。西安事变后,高敬亭也从报纸上陆续了解到西安事变和国共合作的一些消息,但一直未能证实。直到 1937 年 7 月中旬,高敬亭率领手枪团第 2 分队、第 3 分队来岳西县南田村,与皖鄂特委书记何耀榜会面,看到一个叫姜术堂的人从西安带来的《中国人民对日作战的基本纲领》《中央关于抗日救国运动的新形势与民主共和国的决议》等中央文件,才确认了中共中央关于建立抗日民族统一战线新的指示精神。

姜术堂原是国民党第 11 路军的一名少尉排长。1936 年秋,他率 20 多人从潜山向万山便衣队投诚,因便衣队力量较小,无法改编该部,后经说服教育,姜术堂等人各自回家乡。1937 年秋春,姜术堂独自一人来找便衣队,要求参加革命。鉴于当时形势较为困难和复杂,皖鄂特委书记何耀榜接见了姜术堂,给他开了一个身份证明,并劝其返乡寻找当地革命组织,投身革命。后来,姜术堂辗转从河南郑州来到了陕西西安七贤庄红军办事处,向办事处汇报了红28 军坚持鄂豫皖边游击战争的一些情况。办事处让他带了几份中共中央新的指示精神的材料给高敬亭,任弼时接见并让他向鄂豫皖省委转达"尽快和国民党谈判,争取停战抗日"的指示。① 姜术堂返回鄂豫皖根据地后,把中央文件交给了何耀榜,并转达了任弼时关于停战谈判的指示。

1937 年 7 月 13 日,高敬亭率领手枪团第 2 分队、第 3 分队来岳西县南田村,与皖鄂特委书记何耀榜会面,这时才看到由姜术堂从西安带来的中共中央文件。高敬亭拿到这些文件后,结合此前自己从报纸上所得到的一些消息,进行了仔细阅读、认真分析与反复思考,对中共中央关于建立抗日民族统一战线,与国民党合作抗日的政策确信无疑。次日,高敬亭召开了干部会议,研究讨论了与国民党停战谈判的具体方案,决定向国民党豫鄂皖边区督办公署提出停止内战、一致抗日的停战谈判倡议。15 日,高敬亭派人把要求停战谈判的公函送到南田村山下蛇林岗炮楼里,由岳西县三区区公所转交给豫鄂皖边

① 参见何耀榜:《大别山红旗飘》,载中国人民解放军历史资料丛书编审委员会:《南方三年游击战争(鄂豫皖边游击区)》,解放军出版社 1992 年版,第 316 页。

区督办卫立煌。岳西县第三区区长李德保收到函件后,立即通过电话向该县县长进行报告,县政府又向当地驻军国民党军第32师报告此事,随后32师师长王修身电告卫立煌。

此时正值卢沟桥事变爆发不久,全国上下抗日救亡运动空前高涨。为尽快促进国共两党合作抗日,中共中央再派周恩来赴庐山与国民党进行谈判,恰好也是在7月15日这一天,中共代表团向蒋介石送交了《中国共产党中央为公布国共合作宣言》,提出迅速发动全民族抗战的号召,表达了国共合作抗日的真诚愿意。在这一背景下,国民党当局很快对红28军的停战倡议进行了回应,16日安徽省政府派皖西保安司令部办事处郭副官作为地方代表参加停战谈判,18日卫立煌的全权代表、高级参谋刘刚夫到达岳西县城。国民党当局之所以同意谈判,既有全民族同仇敌忾、共同抗日的大趋势使然,同时也有借谈判之机解除红军武装、迫使红军投降的用心等。停战谈判是一场政治性、原则性、策略性等都要求极高和复杂激烈的斗争,处理稍有不慎就有可能遭到重大损失,如闽粤边游击区的"漳浦事件"①。在红28军与国民党地方当局谈判过程中,卫立煌一方面表示愿意举行停战谈判,另一方面命令第32师将高敬亭所带部队包围于鹞落坪、大岗岭、南田村一带,对红28军施加武力威胁,同时还散布"若顺国军,官晋一级,给优厚薪俸"等言论,企图通过玩两面手法的阴谋来迫使红军游击队投降。

在这场错综复杂的谈判斗争中,高敬亭和何耀榜立场坚定、沉着冷静、警惕性高,坚持要求国民党军第32师必须后撤,同时命令手枪团、特务营和各游击队、便衣队配合好谈判,作好战斗准备,并动员党员群众散发有关谈判的传单、标语,宣传停止内战、团结抗日的道理。7月20日,何耀榜作为红军代表

----

① "漳浦事件",即1937年6月26日由何鸣领导的闽粤边红军游击队与国民党军第157师签订合作抗日协定,约定将其改编为福建省保安独立大队。7月16日,157师以点名发饷为名,在漳浦预设重兵,解除了这支近千人的游击武装。其中只有独立大队副大队长卢胜、参谋长王胜组织20多名干部战士,趁夜潜回游击区。

与卫立煌的全权代表刘纲夫、安徽省政府代表郭副官,在岳西县政府大厅就双方正式谈判的具体时间和地点进行磋商,确定由国民党让出岳西青天畈作为红军游击队的驻地,把青天畈上青小学作为正式谈判的地点。

7月22日,双方在青天畈进行正式谈判,围绕各自提出的条款反复商议。双方争议的焦点在于红军游击队集中的时间、地点、方式及改编的名称等问题。对于红军游击队集中的时间,高敬亭考虑到部队较为分散,完全集中起来较为困难,特别是担心过早过快集中会遭到国民党的袭击,提出至少要半年的时间,而卫立煌则要求一个月必须集中完毕。双方经过反复商讨,确定三个月内完成集结。对于集中的地点,国民党希望就在岳西县一带,高敬亭则坚持在黄安县七里坪作为集结点。把黄安县七里坪作为总的集合地点,体现高敬亭深谋远虑的战略眼光。"一是1933年我们花了很大气力没打下来,要来具有很大的政治意义。二是坪店一带驻防最稳妥,其北边一带大山为我老根据地,以西一带大山是我罗陂孝根据地,一旦发生情况,立即就能进入根据地。此外,离武汉中央长江局近,便于请示。七里坪人口稠密,便于发展武装。"①由于高敬亭的坚持,最终确立集结点在黄安县七里坪至礼山县的宣化店一带的村镇。关于红军游击队改编的名称问题,国民党坚持不让用红军的名义,经过双方商讨同意暂时用"鄂豫皖工农抗日联军"的番号,但高敬亭要求在条款中明确红军番号的最后确定,由两党中央决定。经过激烈谈判,最后双方于27日达成了协议。

双方协议条款的内容没有留下书面档案材料,据双方代表何耀榜和刘刚夫的回忆,红28军提出的条款内容还包括:红军的集结点在黄安七里坪至礼山宣化店一带的村镇,在鄂豫皖边的黄安、确山、立煌县设3个办事处,释放政治犯,允许言论出版集会结社自由,国民党政府补充红军的武器弹药和给养,以及集结中的一些注意事项,并特别强调凡属全国性的问题以及红军番

---

① 李世安等:《大别山上举旗人》,载汪江淮主编:《雄师壮歌》,解放军出版社2005年版,第207页。

号的最后确定,应由两党中央决定等。国民党提出不经许可不得扩兵、不打土豪、不破坏交通、不得彼此报复、不得在各地保留便衣队、集合时间不能超过三个月,届期应即开出抗日,不得有任何藉口、集合地点黄安县七里坪等。①

7月28日,双方在岳西县九河朱家大屋举行签字仪式,高敬亭和刘刚夫分别代表双方在停战协议书上签字。至此,鄂豫皖边的党组织和红军游击队在还没有与中共中央取得联系的情况下,凭着对时局发展的敏锐洞察力和对中央文件精神理解的深刻领悟力,以民族利益为重,不计宿怨旧仇,主动与国民党当局进行停战谈判,坚持原则性、独立性与灵活性、策略性相结合,经过艰苦谈判最终达成谈判协议,初步形成了鄂豫皖边区国共两党停止内战、合作抗日的局面。

三、改编整训,奔赴抗日前线

虽然红28军与国民党当局达成了停战协议,但还有许多分散在各地的红军、地方武装和便衣队对此并不知情,比如第244团1营还在平汉铁路以西打游击,一些便衣队员还躲在山上与国民党军周旋等,以及还有许多红军游击队员对于与国民党当局进行合作,思想上一时还转不过弯来,担心是不是向国民党投降了,协议是否符合中共中央的精神?同时还要警惕国民党当局借集中之机消灭红军游击队,等等。诸如此类的问题都是在谈判之后需要研究加以解决的。因此,停战协议签订之后,高敬亭在岳西县鹞落坪召开干部会议,会议着重强调要提高警惕,防止国民党鄂豫皖边区当局背信弃义,搞突

---

① 参见何耀榜:《大别山红旗飘》,《南方三年游击战争·鄂豫皖边游击区》,载中国人民解放军历史资料丛书编审委员会:解放军出版社1992年版,第321—322页;刘刚夫:《第二次国共合作我参加豫鄂皖边区和谈前后的回忆》,载中国人民解放军历史资料丛书编审委员会:《南方三年游击战争·鄂豫皖边游击区》,解放军出版社1992年版,第524—525页。

然袭击,并重新研究确定了进驻七里坪的行动路线,还决定派出人员到各地宣传国共合作、共同抗日的方针政策,转达进驻黄安县七里坪集中整编的指示。①

为了做好国共合作、共同抗日方针政策的说服教育和广泛宣传,高敬亭要求在鄂豫皖边区各地张贴以其本人署名的标语:"当此国难日亟,民族危亡之际,凡本部同仁愿意抗日者,一律到黄安县七里坪集中",希望使分散在各地的红军部队、地方武装和便衣队员能够快速了解新的方针政策。同时,还直接派人到各地去做宣传解释工作,使地方党组织和武装力量迅速适应新形势新任务的变化。由于许多便衣队员被国民党军长期封锁在深山里,对抗日救国的新局势发展不掌握,特别是对与国民党合作很不理解,甚至怀疑这是国民党的诱降阴谋,因此到各地做说服教育工作不仅原则性政策性极强,还有可能存在误伤误杀的风险。

鄂豫皖边最早参加便衣队工作的李世焱在停战谈判后,就被高敬亭派去商南地区大小伏山、金刚台一带,联络商南县委书记张泽礼领导的便衣队下山集中。临行前,李世焱向高敬亭表示担心张泽礼听到国共合作的事,思想转不过弯来。高敬亭还当即写了一封给赤南县委的信,让李世焱带着亲自交给张泽礼,并派曾担任过赤南县委书记的石裕田和手枪团第3分队一同前往。果然见面之后,当张泽礼得知要下山与国民党合作、到黄安七里坪集中,立即让便衣队把李世焱等包围并拔枪相向,气氛一度十分紧张。后看了高敬亭的信,以及石裕田等同志的耐心解释,才决定下山集中。但张泽礼为防万一,还留了一支便衣队在金刚台上,并专门派人装扮成茶叶贩子跟在队伍后面观察。②可见,经过长期残酷游击战争的锻炼,这些便衣队员都有着非常强的阶级立场

---

① 参见中国工农红军第二十八军战史编委会:《中国工农红军第二十八军坚持鄂豫皖边区三年游击战争史》(初稿),内部,1982年12月,第112页。

② 参见李世焱:《在历史转折关头》,载皖西革命斗争史编写组:《皖西革命回忆录》(第二次国内革命战争时期·下),黄山书社1984年版,第398—400页。

和高度的警惕性。通过这些艰苦而细致的工作,战斗在边区各地的红军游击队及便衣队开始陆续向七里坪集中。

8月上旬,高敬亭带领手枪团第2分队、第3分队,从岳西县鹞落坪出发,向黄安县七里坪集中。其间为慎重起见,高敬亭还决定改变原定的行军路线,既不走卫立煌规定经英山、罗田、麻城到黄安的南线,也不走霍山、六安、立煌、商城、经扶到黄安的北线①,不经县城,翻山越岭走中线,从罗田北部翻过东界岭,而且分散行军,沿路安排便衣队做侦察,经过两天行军到达麻城的乘马岗。由于国民党103师一个团还驻守在七里坪,高敬亭和何耀榜各率一部分别进驻在黄安县的高山岗和方蔡家湾。后经过交涉,国民党军撤出了七里坪。9月上旬开始,红28军所属各部及地方武装、便衣队陆续开赴七里坪为中心的地区集中,其中军部和手枪团进驻七里坪;244团1营进驻礼山县宣化店;鄂东北独立团进驻礼山县黄陂站,各地便衣队进驻黄安县两道桥。红82师特务营及手枪团2分队则于10月下旬才赶到七里坪。②

对于南方各省游击区的停战谈判问题,中共中央和毛泽东一直很关注。早在1937年6月29日,毛泽东、周恩来专门致电叶剑英,询问西安行营是否允许办理去南方各省联络红军游击队的护照。③ 7月2日,毛泽东专门把郑位三、张体学、肖望东和程启文等叫到自己的住处,交给他们一项重要任务,让他们到黄安七里坪红28军工作,代表党中央向红28军传达中央有关抗日的主张和指示,并特别强调要同红28军的同志搞好团结。8月1日,中共中央作出南方各游击区域工作的指示,要求游击区开展统一战线工作,进行革命战略新的转变。8月中旬,经过艰苦谈判,国民党当局才同意中共中央派人到南方

---

① 参见李世安等:《大别山上举旗人》,载汪江淮主编:《雄师壮歌》,解放军出版社2005年版,第207页。

② 参见中国人民解放军历史资料丛书编审委员会:《南方三年游击战争·鄂豫皖边游击区》,解放军出版社1992年版,第27—28页。

③ 参见中共中央文献研究室编:《周恩来年谱(1898—1949)》(修订版),中央文献出版社1998年版,第376页。

各游击区传达中央的指示和协助红军游击队改编。① 8月下旬,郑位三一行到达皖西,得知红28军已同国民党军队达成停战协议,9月初来到黄安七里坪与高敬亭正式见面,传达了中央有关精神,并协助高敬亭、何耀榜与国民党代表刘刚夫继续谈判,根据改编番号必须由两党中央共同决定的协议,巧妙而有策略地将国民党任命的"工农抗日联军挺进司令"的委任令退掉。9月下旬,七里坪召开了庆祝大会,郑位三代表中央报告全国抗日战争的新形势,传达了党中央关于国共合作的指示,布置了红28军改编整训任务,并充分肯定了红28军坚持三年游击战争作出的贡献。② 此后,红28军的谈判改编工作由党中央统一领导,除了总体的改编原则外,毛泽东还经常针对谈判中遇到的具体问题提供指导,如针对9月9日高敬亭、何耀榜给中共中央的信中提出关于便衣队、部队是否集中等问题③,毛泽东于1937年9月15日、10月15日连续两次作出指示,要求"不要收回各县便衣队""一切大问题听候两党中央谈判解决""不许国民党插入一个人""时时警戒不要上国民党的当"等。④ 这些宏观而又具体的指导,确保了鄂豫皖边红军游击队谈判改编工作的顺利开展。

与国民党合作的目的是为了抵抗日本侵略这一中华民族的最高利益。为了尽快适应由国内革命战争向抗日战争的战略转变,了解掌握新形势新政策,及时转变思想认识,提高技战术水平,根据中共中央的指示精神,红28军各部队集中在黄安县七里坪和礼山县宣化店、黄陂站一带进行思想、军事和组织上的全面整训,普遍召开党的活动分子会、干部会,学习抗日民族统一战线的方

---

① 参见中共中央文献研究室编:《周恩来年谱(1898—1949)》(修订版),中央文献出版社1998年版,第384页。

② 参见程启文:《重上七里坪》,载中国人民解放军历史资料丛书编审委员会:《南方三年游击战争·鄂豫皖边游击区》,解放军出版社1992年版,第344页。

③ 参见《高敬亭、何耀榜关于鄂豫皖边情况致中共中央信(1937年9月9日)》,载中国人民解放军历史资料丛书编审委员会:《新四军·文献(1)》,解放军出版社1994年版,第25—26页。

④ 《毛泽东对鄂豫皖谈判集中原则给林伯渠的指示(1937年9月15日)》,载中国人民解放军历史资料丛书编审委员会:《新四军·文献(1)》,解放军出版社1994年版,第28页。

针、政策,进行游击战争战术训练和技术训练。同时,还在七里坪的秦家祠堂
举办干部轮训班和青年训练班,郑位三、方毅、彭康等亲自给学员讲课,主要学
习中共中央文件,掌握当前抗战形势和党的统战政策,理解党关于抗日战争的
方针策略,坚定抗战必胜的信心等内容。干部轮训完了,就回到连队去,给战
士们讲课,组织讨论,统一思想。青训班一个月一期,每期200多人,先后训练
了五六百人,为抗日根据地和各部队培养了大批军政干部。

经过艰苦谈判,1937年10月中共中央与国民党谈判达成协议,将南方八
省红军游击队统一整编为抗日部队。10月12日,国民党南京政府军事委员
会正式颁布了改编南方八省红军游击队为“国民革命军陆军新编第四军”(简
称新四军)的命令。与此同时,中共中央决定成立中共中央东南分局及中共
中央军事委员会新四军分会,以加强党对新四军的领导。12月25日,新四军
军部在武汉成立。28日,毛泽东同意新四军设立四个支队,并明确由高敬亭
率部沿皖山山脉进至蚌埠、徐州、合肥三点之间作战。[1] 29日,高敬亭在武汉
八路军办事处,参加中共中央长江局召开的关于讨论各游击区党及部队工作
的会议。会上,高敬亭报告了鄂豫皖边游击的情况,受领部队改编开赴安徽战
场作战的任务。[2] 高敬亭回到七里坪后,积极做好部队改编和东进抗日的各
项准备工作。1938年1月12日,叶剑英专程到七里坪视察,检查准备情况,
向高敬亭详细讲述了抗日民族统一战线的方针政策,分析了皖中、皖东地区的
形势,部署东进抗日的作战意图和创建敌后根据地的任务。[3] 1月22日,中共
中央代表团与长江局作出关于鄂豫皖工作的决议,提出了要特别注意执行的

---

① 参见《毛泽东关于张云逸等干部的调配致项英电(1937年12月28日)》,载中国人民解
放军历史资料丛书编审委员会:《新四军·文献(1)》,解放军出版社1994年版,第66页;载中国
人民解放军历史资料丛书编审委员会:《南方三年游击战争·鄂豫皖边游击区》,解放军出版社
1992年版,第54页。

② 参见《项英关于催调干部来新四军工作致中共中央电(1937年12月29日)》,载中国人
民解放军历史资料丛书编审委员会:《新四军·文献(1)》,解放军出版社1994年版,第67页。

③ 参见中国人民解放军历史资料丛书编审委员会:《南方三年游击战争·鄂豫皖边游击
区》,解放军出版社1992年版,第415—416页。

四项任务:(一)在巩固和扩大统一战线基础上尽力扩大部队,以增加抗日力量。(二)加紧培养党和非党的干部。(三)健全党的组织和工作。(四)尽可能的在最近期间集中队伍训练并参加抗战,同时留一部分队伍保护后方根据地和保障进行党和群众工作以及训练干部工作。并拟定了新四军第4支队军政委员会和鄂豫皖特委人选,由高敬亭、郑位三、吴先元、郑维孝、林维先、胡维亭及政治部主任7人组成军政委员会,高敬亭担任主席,同时建立以郑位三为书记,郑位三、吴先元、郑维孝及地方两个书记等5人组成鄂豫皖特委,工作受军政委员会指导。①

在一系列准备工作就绪后,1938年2月中旬,根据中共中央指示精神,红28军以及鄂东北独立团等地方武装和鄂豫边红军游击队正式改编为新四军第4支部,支队司令员高敬亭、参谋长林维先、政治部主任肖望东(未到职,后由戴季英接任),经理部主任吴先元,支队下辖第7、8、9团、手枪团和直属队。全支队共3100余人。第7团由红28军82师244团、新兵营组成,下辖两个营,团长杨克志,政治委员曹玉福,参谋长林英坚,政治处主任胡继亭。第8团由鄂豫边红军游击队组成,下辖3个营,团长周骏鸣,政治委员林凯,参谋长赵启民,政治处主任徐祥亨。第9团由鄂东北独立团、红28军82师特务营组成,下辖两个营,团长顾士多,政治委员高志荣,参谋长唐少田,政治处主任郑重(郑如星)。手枪团由红28军手枪团和部分新兵组成,团长詹化雨,政治委员汪少川。直属队以原红28军司、政、供、卫人员为基础,组成支队参谋处、政治部、经理部和卫生部,下辖特务连、通信连、交通队等。②

同时,留下部分党政机关和地方武装在黄安七里坪成立新四军第4支队留守处,由郑位三、何耀榜、刘名榜、吴名杰、江子英、田东等33人组成,由郑位

---

① 参见中国人民解放军历史资料丛书编审委员会:《中共中央代表团与长江局关于鄂豫皖工作的决议(1938年1月22日)》,载中国人民解放军历史资料丛书编审委员会:《新四军·文献(1)》,解放军出版社1994年版,第66页。

② 参见中国人民解放军历史资料丛书编审委员会:《南方三年游击战争·鄂豫皖边游击区》,解放军出版社1992年版,第28—29、415—416页。

三任书记,田东任主任,配有一个武装警卫排,另外,还在立煌县双河镇桃树岭成立新四军第4支队兵站,由郑维孝任站长,负责保卫后方根据地安全和为前线部队提供兵员、物质保障等。

1938年3月8日,新四军第4支队在黄安七里坪召开抗日誓师大会。随后,高敬亭奉命率部东进皖中、皖东,从此踏上抗日救国新的革命征程。

第五章　鄂豫皖边三年游击战争党的领导与建设

中国共产党的领导是中国革命取得胜利的根本保证。鄂豫皖边游击斗争在艰苦卓绝的自然环境和极其严峻的敌我形势中坚持和生存下来，"基本上正确地执行了党的路线，完成了党所给予他们的任务"①，最根本的原因就在于这里从未中断过党的领导，各级党组织始终是坚持游击战争的领导核心。而且与原中央苏区的根据地大都变成相互隔离、各自领导的小块游击区不同，鄂豫皖边的党组织在三年游击战争时期基本实现了对整个游击区的统一领导。这一时期边区党的组织和领导机制是如何建立和运转的，特别是在与中共中央和上级都失去联系的情况下，边区党组织又是如何加强自身建设、独立自主地准确把握斗争原则和政策方向等问题，都是本章试图研究和加以解决的对象。

一、恢复和建立党的各级组织

鄂豫皖苏区是由鄂东北、豫东南、皖西北三块根据地各自发展而统一，党的领导经历了由隶属的省委各自领导到设置特别区委和省委进行统一领导的

---

① 《中央政治局对南方各游击区工作的决议（一九三七年十二月十三日通过）》，载中央档案馆编：《中共中央文件选集》（1936—1938），中共中央党校出版社1991年版，第403页。

过程。1930 年 2 月,随着鄂豫皖边革命形势的迅速发展,中共中央决定设立鄂豫皖特别区,建立中共鄂豫皖边特别区委员会,这标志着鄂豫皖边的革命根据地实现了党的集中统一领导。鄂豫皖特委最初隶属于中共湖北省委,后于 1930 年 10 月改由苏区中央局直接领导。1931 年 5 月,中共中央决定取消鄂豫皖特委,设立鄂豫皖中央分局,"代表中央政治局"统一领导鄂豫皖苏区的武装斗争、土地革命和根据地建设,并要求组建中共鄂豫皖省委。1932 年 1 月,鄂豫皖省第一次党代会召开,正式组建了中共鄂豫皖省委,在鄂豫皖中央分局指导下开展工作。1932 年 10 月,鄂豫皖中央分局和红四方面军撤离后,由留守的中共鄂豫皖省委统一领导苏区斗争,直到 1934 年 11 月随红 25 军进行战略转移。

从鄂豫皖边特委到中央分局及鄂豫皖省委,党对鄂豫皖苏区的统一领导,有利于全面统筹苏区的人力物力资源,构筑广阔的战略纵深和迂回空间,形成一个拳头对敌的战略态势,从而推动了革命根据地的不断扩大和发展。但是,在中央分局和鄂豫皖省委相继撤离苏区后,如何重新建立党的领导机构,实现对鄂豫皖边游击战争的统一领导,坚定边区军民坚持革命的信心,这是鄂豫皖边革命能否继续坚持和发展的关键。

1934 年 11 月中共鄂豫皖省委随红 25 军离开苏区时,除高敬亭外"各道级以上的干部都调走了"[1],对留下来坚持游击斗争的党的领导问题作了具体安排:令鄂东北道委派人去找高敬亭,"如果高敬亭同志不走,那么鄂豫皖的省委组织可以存在";如果高敬亭决定追上部队走了,"王福明同志用鄂东北道委的名义去皖西联系,如果当地有干部,就可以组织领导核心",没有干部的话,可派干部前去领导。[2] 从中可见,鄂豫皖省委很重视留守干

---

[1] 《中共皖西北特委报告——关于鄂豫皖、皖西北的军事、组织、干部等情形》,载中国人民解放军历史资料丛书编审委员会:《南方三年游击战争·鄂豫皖边游击区》,解放军出版社 1992 年版,第 36 页。

[2] 参见何耀榜:《大别山红旗飘——回忆鄂豫皖三年游击战争》,中国青年出版社 1959 年版,第 18 页。

部的领导问题,不过对于领导组织和机构的安排则比较灵活,一定程度上取决于高敬亭是否留下来,如高敬亭留下来,则授权其组建新的鄂豫皖省委统一领导鄂豫皖边的武装斗争,高敬亭如果走的话,则以鄂东北道委的名义进行领导。

红25军撤离之初的3个月里,高敬亭正率部在皖西的深山里与国民党围剿部队进行周旋,根据地既没有党的统一领导的组织和机构,也没有主力红军的支援,各级地方党组织在独立战斗中遭国民党地方当局"清剿"而受到极大的破坏。1935年2月,高敬亭在太湖县凉亭坳知悉了省委的指示精神后,立即着手组建了红28军,并亲自担任军政治委员,担负起鄂豫皖边游击战争的领导责任。不过,由于"红二十五军走把大小干部带走十分之九"①,导致根据地极度缺乏军事政治干部,再加上处于极端残酷的环境中,各根据地被分割隔离,当时未能建立起新的省委组织。

事实上整个三年游击战争期间,高敬亭是以中共鄂豫皖省委常委和红28军政委的双重身份统一领导了鄂豫皖边区的党政军工作。1937年9月9日高敬亭向中共中央汇报时也强调,"对于党的组织,只是下层零细组织,上层未有建立具体机关,遂以我一人,一面充当二十八军军政委,一面应付地方各工作的一切的"②。高敬亭是河南光山县人,1928年参加革命,此前先后担任过乡苏维埃政府主席、鄂豫皖工农民主政府主席、中华苏维埃共和国中央执行员和光山县委书记、鄂豫皖中央分局常委、鄂豫皖省委常委(组织部长)、皖西北道委书记等职,以及红25军第75师政委。从其履历来看,高敬亭是在长期的鄂豫皖边革命斗争中锻炼历练起来的本土干部,熟悉大别山区的山川形势、风俗民情,在鄂豫皖党、政、军等部门都担任过重要职务,具有丰富的革命经

---

① 《中共皖西北特委报告——关于鄂豫皖、皖西北的军事、组织、干部等情形》,载中国人民解放军历史资料丛书编审委员会:《南方三年游击战争·鄂豫皖边游击区》,解放军出版社1992年版,第36页。

② 高敬亭、何耀榜关于鄂豫皖边情况致中共中央信(1937年9月9日)》,载中国人民解放军历史资料丛书编审委员会:《新四军·文献(1)》,解放军出版社1994年版,第26页。

历,而且高敬亭本人行事谨慎、善于思考、决策果断、执行坚决。在南方各省的
游击战争中,由于与中央及上级包括周边的游击区大多处于隔离状态,内部也
主要处于分散作战的状况,因而难以建立起比较完善的党的领导机构和组织,
党的组织生活和决策方式也很难完全按程序规范进行,这时地方党组织的主
要领导人的斗争经验和判断决策能力,对于根据地的生存发展显得尤为重要
和关键。中共鄂豫皖省委在转移之际的授权,赋予了高敬亭领导鄂豫皖边游
击战争的责任和权力,同时高敬亭本身的革命经历及性格特点也使其能够在
危难之际承担起领导重担。一定程度上讲,鄂豫皖边的游击战争不仅能够坚
持下来,而且还有所发展,成为南方各游击区规模最大、保存力量最多的游击
区,最根本的原因在于鄂豫皖边的革命斗争形成和实现了以高敬亭为代表的
党的统一领导和指挥。

　　党的领导不是抽象的,是通过各级党组织来实现的。在红四方面军转
移之前,鄂豫皖苏区已经形成了较为完整的党的地方组织系统,形成"省
委—道委—特委—县委—区委"的党组织网络,与其他苏区地方党组织不同
的是,设置了道委这一级党的组织,这是"介乎省委与县委之间,但这不是
极经常经〔极〕普遍的组织"①,当时以区域划分,省委下辖鄂东北道委、豫东
南道委和皖西北三个道委,各个道委下设若干中心县委和县委。在红25军
战略转移后,留在鄂豫皖边区党的革命领导机关只有中共鄂东北道委和皖
西北道委,两个道委也处于相互隔离状态,各个县委和区委机关也大多遭到
破坏。

　　高敬亭承担起领导鄂豫皖边游击战争的重任后,在重建红28军作为武装
斗争的主力外,用很大的精力恢复和重建党的地方组织,直接领导了鄂东北道
委、商南县委、皖西特委(后改为皖鄂特委)和黄冈中心县委等4个党组织,并
通过这4个党组织再建立县区一级的党组织,从而实现了对整个边区党组织

---

① 《中央关于苏维埃区域党的组织决议案》,载中央档案馆编:《中共中央文件选集》(1931
年),中共中央党校出版社1991年版,第270页。

的统一领导。这4个党组织中，鄂东北道委和商南县委是原来老苏区的党组织，皖西特委和黄冈中心县委则是在游击战争中新开辟的游击区基础上新设立的党组织。

中共鄂东北道委是鄂豫皖3个道委会中唯一一个没改变名称，一直坚持到抗日改编的党组织，红25军离开时还设有罗陂孝特委（辖罗山县委、陂孝北县委、河口县委）、光山县委、新集县委、麻城县委、红安县委等特委及县委组织，管辖红安、麻城、黄陂、孝感、信阳、罗山、光山、潢川等县，后来道委根据情况变化撤销及合并了若干县委，先后撤销了新集县委、陂孝北县委等，光山县委和麻城县委先后合并为光麻中心县委和光麻特委，特委和县区下设若干区委，如光麻特委曾建立光山南区、夏青区、砖桥区、八里区、河区、杨帆区、千斤区以及麻城乘马区等8个区委，道委没有设组织、宣传等机关，只有巡视员和秘书，王福明、芦丛珠、罗作凡、陈守信、胡继亭（其间由吴先元主持工作）等先后担任过道委书记。[①]

中共商南县委是于1935年6月由原赤城县和赤南县委一部分干部在商城县的金岗台会合后组成的党组织。其前身可以追溯到皖西北道委，在红25军转移时，皖西北道委还辖有赤城县委、赤南县委、霍山县六区区委和六安县三区、六区区委等党的基层组织，道委书记由高敬亭兼任。1935年1月，熊家河一役失利后，高敬亭率部离开皖西北老苏区，到立煌、霍山、潜山、英山、太湖一带游击，道委机关仍留在赤城苏区随赤城县委行动。2月红28军重建后，高敬亭任红28军政委，皖西北道委作为党的一级领导机构至此结束，道委机关人员随赤城县委书记石裕田带领的商北大队到霍潜太一带游击，并于7月加入了红28军。此后，仍留在皖西北老苏区坚持斗争的党领导机

---

① 参见《鄂东北苏区坚持三年游击战争的基本情况（1934年11月至1937年10月）》，载中国工农红军第二十八军战史编辑委员会：《中国工农红军第二十八军坚持鄂豫皖边区三年游击战争史资料选编》，内部，1982年12月，第11—13页。

构只有中共商南县委,先后由邱玉生、张泽礼任书记,余绪龙、陆华宏、徐其昌、雷维先、史玉清为委员,在异常艰难的环境中领导皖西北老苏区的革命力量。①

中共皖西特委是高敬亭鉴于原皖西北老苏区遭到国民党当局严重摧残,在当地难以立足的情况下,率部在舒城、霍山、潜山、太湖等县时专门设立的党组织,以开辟新的游击根据地并统一领导皖西地区的革命斗争。1935 年 2 月,白果树会议决定成立中共皖西特委,由徐诚基任特委书记,率 246 团在舒城、潜山、英山、霍山等县的边界创建游击根据地。经过艰苦努力,把党的活动逐步扩展到了舒城、潜山、岳西、英山、霍山、太湖、罗田、蕲春、浠水、宿松、黄梅、广济等县的广大地区,下设潜山县委(后改岳西县委)、潜山工委、蕲春中心区委、宿黄边区工委、太湖县殷冲支部等基层党组织,建立了以大岗岭、鹞落坪为中心,纵横二三百公里的游击根据地。② 皖西特委后于 1936 年 9 月改为皖鄂特委,由何耀榜任特委书记,特委机关设在岳西县鹞落坪,是红 28 军坚持游击战争重要后方基地。

中共黄冈中心县委是在鄂豫皖边三年游击战争中后期所建立的党组织,由于特殊的地理位置所具有的对长江边平原地区游击战争的辐射影响和对国民党军的牵制作用,成为高敬亭直接领导的四个地方党组织之一。1936 年 2 月中旬,红 28 军派加强连到平原开展游击斗争时,在黄冈地区与当地党组织取得联系,后在大崎山一带开展发动群众,打击土豪劣绅等革命活动,打下良好基础。5 月底,高敬亭派干部和骨干组成黄冈便衣队,以加强对这一地区的领导。便衣队和地下党经过深入细致的群众工作和对敌斗争,建立了游击根

---

① 参见《皖西北苏区坚持三年游击战争的基本情况(1934 年 11 月至 1937 年 10 月)》,载中国工农红军第二十八军战史编辑委员会:《中国工农红军第二十八军坚持鄂豫皖边区三年游击战争史资料选编》,内部,1982 年 12 月,第 55—56 页。

② 参见《皖西北苏区坚持三年游击战争的基本情况(1934 年 11 月至 1937 年 10 月)》,载中国工农红军第二十八军战史编辑委员会:《中国工农红军第二十八军坚持鄂豫皖边区三年游击战争史资料选编》,内部,1982 年 12 月,第 57—58 页。

据地,成立中共黄冈中心县委,发展了一百多名党员,组织了四个区委和十多个党支部,成为鄂东地区对敌斗争的领导核心。①

二、加强和改善党的领导方式

1959 年 4 月,郑位三在一次与湖北省委党史调查组的谈话中,谈到鄂豫皖边三年游击战争中党的领导问题时,他讲道:"这是〔时〕党的领导的特点:得不到中央和上级的指示,一切靠自己。我初见高敬亭的时候,代他向中央写封信,内中有这样一句话:'心问口,口问心,自相商量'。高敬亭很欣赏这句话,但是确也是这样的情况。独立工作,自己出政策,找方向。"②1987 年 12 月,叶飞在纪念南方三年游击战争胜利 50 周年的讲话中,也指出坚持三年游击战争,"更为艰苦的还在于各块游击区都失去了同中央和上级的联系和领导,而且各块游击区都被敌人构筑的封锁线包围分割了,互相之间没有横向联系,只能各自独立坚持斗争。应当说这是比面临数十倍敌人的围剿更为艰苦的斗争条件,再没有别的比这一点更为艰苦的了。敌人的强大是外部困难,失去同中央和其它各块根据地的联系是内部困难"③。实际上,郑位三和叶飞都强调了三年游击战争党的领导最为突出的一个特点,就是在与中央和上级失去联系的情况下,必须自主判断、独立坚持。在这种极为艰苦和封闭的环境中能不能坚持下来,直接取决于党的领导能力,特别是根据地领导人的政治信仰、政策把握和决策能力。高敬亭在上级党组织充分授权的情况下,独自承担起领导边区军民坚持游击斗争的重任,在恢复和建立各地党组织的基础上,不

① 参见林维先:《红旗永不倒》,载皖西革命斗争史编写组:《皖西革命回忆录》(第二次国内革命战争时期·下),黄山书社 1984 年版,第3—4页。

② 《郑位三同志谈话记录(第六次)》,1959 年 4 月 29 日于汉口德明饭店,湖北省档案馆:SZA—2998。

③ 《纪念南方三年游击战争胜利五十周年——叶飞同志的讲话》,《福建党史月刊》1998 年第 1 期。

断加强和改善党的领导方式,从而打破国民党当局封锁包围,实现了党对边区的统一领导。

(一)打通边区各地党组织的联系,确保党的集中统一领导

1934 年 8 月,蒋介石鉴于"匪踪飘忽,此剿彼窜,行同流寇,虽有专任追击部队之堵截,奈地广兵稀,不惟速效难期,且各部队每立于被动地位,疲于奔命",重新拟定鄂豫皖边的"清剿"计划,决定"应用步步为营之法,作稳扎稳打之图",试图通过"预防残匪流窜,并限制其活动",以实现"立于主动地位,先为不可胜以待匪之可胜"的目标。[①] 鄂豫皖革命根据地本由鄂东北、豫东南、皖西北三块根据地发展而来,虽然分别隶属三个省,但同属大别山区,地势民情、风俗习惯、生活方式等大都是相通的,各根据地之间容易形成犄角之势、相互支援配合,这是鄂豫皖根据地能够长期坚持的重要原因。蒋介石的新计划,就是要把"追剿"和"驻剿"结合起来,在主要交通要道构筑碉堡封锁线,把红军游击队隔绝在各个小根据地内,中断相互之间的联系,进而分割包围、分化瓦解、聚而歼之。

为加强对边区各地党组织的集中领导,及时统一思想认识、明确斗争方向和任务,高敬亭经常亲自率部或派人冲破国民党军的层层封锁线,往返于边区各地进行检查指导,讲清形势任务,传达政策指示,做出部署工作。1935 年 2 月下旬,在红 28 军重建后不久,高敬亭就决定率领 244 团 2 营和手枪团 1 分队到原赤诚、赤南苏区检查工作,传达凉亭坳会议精神,部署新的斗争任务。但因皖西苏区村镇已被国民党军占领,地方党组织和武装都撤至大山中,高敬亭率部在此与尾随而来的国民党第 25 军周旋了近 1 个月,直到 3 月 22 日在熊家河一带的鸡冠石附近与国民党 25 路军作战时,赤诚县委书记石裕田听闻

　　① 《蒋介石、张学良关于在鄂豫皖边区构筑碉堡制止红军活动的训令(1934 年 8 月 4 日)》,载中国人民解放军历史资料丛书编审委员会:《南方三年游击战争(鄂豫皖边游击区)》,解放军出版社 1992 年版,第 441 页。

枪声,赶来在孤山与高敬亭见面。高敬亭认真听取石裕田关于熊家河地区斗争情况的汇报后,介绍了红28军重建的情况,分析了当时面临的形势,明确了斗争的任务。据石裕田回忆道:"当时我们知道新的红二十八军已经建立,担负起保卫鄂豫皖根据地的重任,顿时增添了坚持斗争的决心和必胜的信念。"①后来由于形势日益恶化,石裕田率商北大队找到高敬亭,编入了28军,当地党组织合并为中共商南县委,由张泽礼带领在金岗台一带活动,由高敬亭直接领导,曾多次接收红28军送来的伤病员。1936年11月下旬,高敬亭率部在立煌县韭菜崖与张泽礼会合后,令林维先率手枪团3分队配合张泽礼领导的便衣队在赤南一带打国民党碉堡,恢复老根据地,曾连续在熊家河地区打掉国民党10多座碉堡。到抗日改编之时,高敬亭还专门派李世焱等率手枪团3分队上山宣讲党的统一战线政策,张泽礼等在劝说下率部到七里坪接受集中改编。

鄂东北道委是领导鄂东北军民坚持武装斗争的核心力量。三年游击战争中,虽然高敬亭和红28军的大本营主要是在皖西一带,但他非常重视鄂东北党组织的建设和革命力量的发展,每隔一段时间都要到鄂东北地区检查指导工作。1935年5月19日,高敬亭率部西进桐柏山途中,在罗山县长岗的白石山与鄂东北道委会会合。高敬亭向鄂东北道委领导传达了黄尾河会议的决定,令鄂东北道委会继续在当地坚持游击斗争。6月9日,高敬亭东返平汉路后,在罗山县彭新店地区又召集鄂东北道委会开会,给其布置工作,并将红28军原鄂东北独立团的部分干部留下,充实到鄂东北道委第三次组建的鄂东北独立团。独立团配合鄂东北各地游击队、便衣队广泛开展游击战争,袭扰牵制打击敌人。此后近半年时间,高敬亭由于生病、敌人封锁严密等原因,主要在皖西一带坚持斗争。1936年1月三角山会议后,高敬亭鉴于半年多未去鄂东北活动,情况不明,决定率手枪团一个分队去鄂东北检查工作,重新任命了道

---

① 石裕田:《忆赤城县委领导的斗争》,载皖西革命斗争史编写组:《皖西革命回忆录》(第二次国内革命战争时期·下),黄山书社1984年版,第226页。

委和独立团的领导人,并决定在光麻中心县委的基础上组建光麻特委,加强对光麻地区斗争的领导。① 1936年3月柴家山会议决定红28军以营为单位分散作战后,高敬亭和红28军与各地党组织的联系更为密切。244团1营长期在鄂东北地区活动,特别是从5月底到10月中旬,1营曾三过平汉铁路线,并得到鄂东北道委会的帮助,牵制了大量的国民党部队,减轻鄂东北地区地方武装的军事压力。高敬亭率特务营和手枪团等转战鄂皖边区,在各地分散作战的同时,也检查部署地方党工作的任务,其间多次到鄂东黄冈地区检查工作,加强当地党组织的力量,组建了黄冈中心县委,作为鄂豫皖边游击战争在鄂东的重要支点。

除了直接往返边区各地检查指导工作外,高敬亭和各地党组织还在边区各地建立党的秘密联系点、情报站和交通线。鄂东北道委在信阳和平汉铁路沿线设有秘密联络点,在宣化店以东的老苏区和敌占区的交界处设有1个交通站,在鄂豫边设置易道河、郭家河情报站和连康山、山石门情报站及弦南区情报站,负责侦察敌情,以及各个基层党组织的联系工作等,使各地党组织在国民党重重分割、封锁、包围下能够及时得到上级的指示,坚定斗争的意志和胜利的信心。

(二)密切党与群众的联系,把党的基层组织筑到斗争的最前沿

人民群众的支援是鄂豫皖边红军游击队能够坚持斗争的力量源泉。国民党当局采取移民并村、强化保甲制度等"清剿"措施,从根本上讲,就是为了断绝党与人民群众的联系,摧毁党的基层组织,使红军游击队得不到群众的支持,以封锁围困达到涸泽而渔的目的。事实上,国民党当局这种"清剿"办法确实一度造成了鄂豫皖边基层党组织力量极度削弱,最困难的时候"在敌人插了白旗的地方,我们一个党员也没有,一点组织和群众联系都没有",整个

---

① 参见谭克绳、欧阳植梁主编:《鄂豫皖革命根据地斗争史简编》,解放军出版社1987年版,第514—515页。

"鄂东北苏区只剩下二百几十个党员,除省委、道委负责同志以外,全盘县委只剩下四人,区委八人"。之后,鄂豫皖省委在斗争中,发现利用发展便衣队的办法来联系群众,把"县委、区委都入在便衣队内,渐渐与群众接头,建立起关系","群众与我们发生关系的才多起来了,才有一些农民小组、贫农小组、工会小组的群众组织。才有很少的党团的小组。"正因如此,郑位三向中央汇报时就谈到,"我们的干部和群众都觉得这一便衣队的工作方式是最好的办法"①。

三年游击战争时期,面对国民党军更加严酷残忍的"清剿"封锁,高敬亭和边区各地的党组织更加重视发挥便衣队的作用,经常有计划、有步骤、有重点地在边区各地投放便衣队,与人民群众保持密切联系,恢复和建立党的基层组织。这些便衣队员主要是本地人,熟悉地形民情,隐蔽在群众中不易被发现,且经过严格挑选的斗争坚决、能够掌握政策、会做群众工作、具有独立工作能力的优秀干部、党员。高敬亭和皖西特委在舒城、霍山、潜山、太湖、英山、罗田、宿松等县相继派出的 11 个便衣队,建立和巩固舒、霍、潜、太边游击根据地,此外,还在皖西、鄂东北老苏区派出多个便衣队巩固老根据地,黄冈、灵山等国民党统治区投放多个便衣队开辟新区,等等。

便衣队实际承担着恢复和建立基层党组织的任务。1936 年 5 月,为加强黄冈地区的工作,高敬亭从红 28 军挑选了 10 名骨干组成黄冈便衣队,亲自为便衣队布置了 5 项任务,其中之一就是要建立和发展党的组织。1936 年初,便衣队到黄梅、宿松边界的塔儿阪、古角、柳林、戚家里一带活动,帮助这些地区正式建立党的组织,成立了 4 个区委,党员发展到 100 多人,成为坚持和领导黄、宿边界革命斗争的中坚力量。1936 年上半年,便衣队长蔡炳臣等在蕲春、太湖边界的将军山、桐山冲一带发展建立中共蕲春(桐山冲)中心区委,下

---

① 《鄂豫皖省委郑位三给中央的综合报告——敌军的布置,红军及苏区的情形(1934 年 9 月 19 日)》,载中央档案馆等编:《鄂豫皖苏区革命历史文件汇集(1929—1934)》(省委文件),甲 2,1985 年 5 月编印,第 548、539、540 页。

辖桐山冲、将军山、朱冲、仙人台、三角山等好几个党支部。灵山便衣队发展了6个党支部。有些便衣队的党支部与党的组织合为一体,代行党的基层组织功能,履行相当于区委、工委,甚至于县委或中心县委的职责。为加强党对便衣队的领导,很多地方党组织的领导直接加入或兼任便衣队的领导。鄂东北道委明确要求各县、区党政干部都要到便衣队任职,以充实和加强便衣队的领导力量。许多区乡的干部就直接转为便衣队,由各乡苏维埃的主席任队长,乡党支部书记任指导员。这样,便衣队以它特殊的工作方式,代行党组织的职能,隐蔽于群众中,扎根于斗争的最前沿,成为团结和带领群众斗争的核心。鄂豫皖边区各地最多时便衣队达到111个,星罗棋布遍及20多个县。以至于《申报》也一度惊呼"匪已明目张胆,四乡皆有组织,匪区日见扩大,滋蔓难图"①。

三、坚持党对军队的绝对领导

军队是坚持革命斗争的主力军,是党必须领导和掌握的核心力量。鄂豫皖边三年游击战争期间,高敬亭统一领导红28军、游击队和便衣队等边区武装力量,通过建立各级党的组织,落实党领导军队的各项制度,开展强有力的思想政治工作,确保了党对军队的绝对领导。

(一)实行政治委员负责制,坚持党对军队的绝对领导

鄂豫皖边三年游击战争期间,高敬亭以红28军政委的名义统一领导边区武装力量,如其所言"以我一人,一面充当二十八军军政委,一面应付地方各工作的一切的"②。在南方其他各地游击区,一般都是以中央分局、省委、特委

① 《申报》,1936年6月26日。
② 《高敬亭、何耀榜关于鄂豫皖边情况致中共中央信(1937年9月9日)》,载中国人民解放军历史资料丛书编审委员会:《新四军·文献(1)》,解放军出版社1994年版,第26页。

或军政委员会等党的一级组织来统一领导游击战争。虽然中共鄂豫皖省委转移前曾授权高敬亭组织鄂豫皖省委,并以该名义领导边区党政军工作,但该机构并没有建立起来。让人很容易产生的一个疑惑是,高敬亭以红28军政委的名义统一领导边区武装力量,到底是党的领导,还是个人领导?这种领导方式是否符合党的领导制度?这些都是需要进一步探讨和澄清的问题。

中国共产党自南昌起义独立领导武装斗争、创建人民军队开始,就强调党必须加强对军队的领导,但党应如何领导军队则经历了一个长期探索的过程。最初,党对军队的领导主要通过党代表制和在军队各层级设立党的组织来实现。党代表制实际上来源于苏联的政治委员制,由国民党引入在黄埔军校和国民党革命军中实施。从1928年开始,中共中央决定把党代表制改为政治委员制。1930年9月,中共中央军委扩大会议通过《中国工农红军政治工作暂行条例草案》,用法规的形式正式确立了红军政治委员制,要求"在团、师、军、独立营、独立作战的营以及红军直属机关、学校内"设立政治委员,明确"政治委员不仅是苏维埃政权在红军中的政治代表,而同时是中国共产党在红军中的全权代表",即"代表政权及党的双重意义"。政治委员的任务是"执行党在红军政治路线及纪律",是"完全负责者"。[1] 在1931年11月的苏区第一次党代会上,明确要"彻底实行政治委员制度"[2]。此后,各部队中全部实行政治委员制,一直到抗日战争初期被军政委员制及后来的党委制所取代。

需要指出的是,与后来确立的党委领导下的首长分工负责制不一样,这一时期实行的政治委员制实质就是政治委员全权负责制,政治委员具有超过同级党委和军事主官的权力。为什么要推行政治委员制?1930年10月中央政

---

① 《中国工农红军政治工作暂行条例草案》(1930年),载总政治部办公厅编:《中国人民解放军政治工作历史资料选编·土地革命战争时期(一)》,解放军出版社2002年版,第602—604页。

② 《中央苏区第一次党代表大会红军问题决议案》(1931年11月)(一九三一年十一月),载总政治部办公厅编:《中国人民解放军政治工作历史资料选编·土地革命战争时期(一)》,解放军出版社2002年版,第813页。

治局专门进行了解释:"党在红军中的领导,要提到最高度。党要经过党的支部组织,经过政治委员制度,经过政治部工作,使党的威信日益建立和提高起来。这首先便是政治委员应有的权限要完全实现起来,他要成为一军的主干,他有监督军事指挥员的权力,他有管理政治部与指导党的组织的权力。过去有不少红军对于政治委员的职权还不甚予以尊重,甚至还有因袭国民党的残余习惯,视政治委员为无足轻重的,这是最不应容许的事。"①有论者认为,政治委员制"不符合党对红军绝对领导的根本建军原则"②。这种观点是值得商榷的。尽管政治委员负责制把政治委员的权限进行不适当的扩大,但就其设置初衷来说,是想通过赋予政治委员足够的职权,来提高"党的权威",保证党对军队的绝对领导。党对军队的领导,可以采取不同的方式,比如苏联红军在不同时期实施过一长制、双长制。但不管何种制度都是为了维护党的领导。客观而言,政治委员制的推行,通过提高政治委员的职权,有助于党的各项政策指示的贯彻和红军组织纪律的执行,推进军队的正规化建设,提高党的权威,强化中央对各地方红军的领导。同时,我们也要看到,政治委员制的推行,是以取消军队党组织的集体领导为代价。这在提高党的权威的同时,实际上也不适当地突出了个人的权威,特别对政治委员个人的素质又提出极高的要求。而且从长远来看,又容易形成新的个人专权,反而会削弱党的领导。中共中央在与张国焘的分裂主义作斗争后,实际已经认识到这一制度的弊端,并逐步取消了政治委员制。

笔者之所以花如此多的笔墨阐述政治委员制的来龙去脉,主要是因为鄂豫皖边三年游击战争的胜利坚持显然与高敬亭的领导作用是分不开的,厘清当时党的领导方式实有必要。三年游击战争时期,正是党在红军实施政治委员制的阶段,高敬亭以红28军政委的身份领导武装力量进行游击战争,是符

---

①　《中共中央政治局关于苏维埃区域目前工作计划》(1930年10月24日),载中央档案馆编:《中共中央文件选集》(1930年),中共中央党校出版社1989年版,第461页。

②　王建强:《红军由党代表制度到政治委员制度的变化》,《中共党史研究》2005年第6期。

合党对军队领导的制度设计。同时按照当时中共中央的定位,政治委员是"政权和党的双重代表",高敬亭以政委的名义统一领导边区党政军工作,也是符合当时党的领导制度。而且从一定意义上讲,在极其艰苦、残酷、复杂的游击环境中,很难形成机构齐全的党组织,高敬亭以政治委员身份强化党的领导作用,有助于更加迅速有效地统一思想、作出决断、贯彻落实,从而整合形成一支听党指挥、具有高度组织纪律和极强执行效率的军队,这对于坚持游击战争具有重要意义。在红28军中,高敬亭在军队各级党组织都落实了政治委员,红82师及团营一级都设立了政治委员,连一级设立政治指导员。党对军队的领导,主要是通过各级政治委员来实现的。[1] 当然,如前所述政治委员制的弊端也很明显,即不适当地授予个人过高的权力,从长远看又会弱化党的领导。高敬亭在边区党政军中的过高权力,有时也会形成主观判断,特别是在肃反中对许多干部进行不适当的处理,使干部队伍受到了很大损失。

(二)加强军队党的建设,开展强有力的政治工作

鄂豫皖边三年游击战争期间,党对军队的领导是通过政治委员制来实现的。各级政治委员又是通过加强军队中党的基层组织建设和落实政治工作制度,不断发挥支部的战斗堡垒作用和党员的先锋模范作用来实现对军队的领导。红28军重建初期,红82师还成立了政治部(对外称红28军政治部),下设组织科、宣传科、民运科及少共团委,还有专门负责党务工作的专职党委书记。后来部队分散游击时,政治部的主要干部大都分散到各营连开展政治工作和军队党的建设。

一是加强对官兵的政治教育,启发官兵政治觉悟。中国共产党从创造军队开始,就非常重视对官兵的政治教育。早在1927年8月,中央就提出要对

---

① 参见《红二十八军坚持鄂豫皖边区三年游击战争时期政治工作的基本情况》,载中国工农红军第二十八军战史编辑委员会:《中国工农红军第二十八军坚持鄂豫皖边区三年游击战争史资料选编》,内部,1982年12月,第117页。

暴动之后的武装"施以真正的军事政治训练"①。1932年5月,中共中央指示苏区中央局,"加紧红军的政治教育,成为头一等的任务"②。在异常艰苦的游击战争中,高敬亭和红28军重视对官兵的政治教育,以启发觉悟,坚定立场,保持革命信心。政治教育的核心内容是阶级教育,提高阶级觉悟,让官兵意识到"为什么要当兵,为谁当兵"的问题,"使他们认清本阶级的利益,努力于本阶级的政治任务,与敌人作决死的斗争,去达到消灭敌人、解放本阶级的目的"。③ 红四方面军和红25军转移后,国民党军对鄂豫皖苏区进行疯狂的围剿,所谓"有民就有匪,民尽匪尽,鸡犬不留",到处移民并村,残酷屠杀革命者和无辜的群众,这些都是进行阶级教育最有说服力的教材。政治干部经常运用这些实际教材,召开学习会、士兵会等,组织战士站出来控诉国民党军的反动罪行,有些结合自身家庭受地主恶霸迫害的事实进行控诉,从而引起全体官兵的共鸣,激发官兵的阶级仇恨,点燃革命热情,此时指导员等政治干部再适时进行引导,号召大家为苏区人民报仇雪恨,从而把对敌人的阶级仇恨,变为杀敌的坚强决心。政治教育的组织方式也比较灵活。连队干部主要是利用晚点名、行军前集合、战斗空隙召开军人大会,进行形势教育。部队集中时,有时军师政委也来向部队作形势报告。1935年春,政治部印发了《红军政治教材》和《红军须知》等教育材料。连队干部根据这些材料,联系部队思想实际,深入浅出地向部队讲形势、讲红军的性质、任务,鼓舞士气。连队干部还经常开展针对性思想政治工作,干部熟悉每个战士的经历、个性,战士有了思想问题,能够及时发现,帮助解决,官兵之间关系融洽,情同手足,使部队保持着高昂士

---

① 《中央复湖南省委函——对暴动计划、政权形式及土地问题的答复》(1927年8月23日),载中央档案馆编:《中共中央文件选集》(1927年),中共中央党校出版社1989年版,第352页。

② 《中央给苏区中央局的指示电》(1932年5月20日),载中央档案馆编:《中共中央文件选集》(1932年),中共中央党校出版社1991年版,第122页。

③ 朱德:《怎样创造铁的红军》(1931年7月),载总政治部办公厅编:《中国人民解放军政治工作历史资料选编》土地革命战争时期(一),解放军出版社2002年版,第737页。

气和团结氛围。[①]

二是加强军队党的支部建设,夯行党的领导根基。自 1927 年 9 月毛泽东在三湾改编确立支部建在连上的制度,由于这一制度把对党的组织建在部队的最基层,筑在斗争的最前沿,因而能够牢牢掌握住部队、展现强大战斗力。1929 年 2 月中央巡视员杨克敏在给中央的报告中也高度赞赏朱毛红 4 军中的这一制度设计:"作战大部以连为单位,每一个作战单位有一个支部,去处理和指挥一个作战单位的事,很觉便当,我们的军队其所以打败仗而不致于溃散,这个组织的好处,应为主要的原因。"[②]之后这一制度在各根据地武装力量中得以应用推广,成为党对军队绝对领导的基本制度。即便是在最困难的三年游击战争时期,在很多党政军的组织机构为方便行军打仗因陋就简的情况下,红 28 军的支部组织建设仍是健全的。各连队都建立了党支部,支委由支部大会选举产生,政治指导员基本上都当选为支部书记。班排干部的任命、党的发展工作、连队政治思想工作等重大问题,一般都由党支部讨论决定。在政治部的领导下,部队于 1935 年发展了一批党员,由党支部把发展计划分配到党小组,由其再发展立场坚定、政治可靠、作战勇敢、联系群众的积极分子,将他们吸收入党。工人、雇农成分的无候补期,贫农、中农成分的候补期为半年,其他成分的候补期为一年。党的组织生活也是严格的,经常利用战斗空隙召开小组会和支部大会,党员及时向小组长汇报思想情况和工作情况。党内民主空气浓厚,能积极开展批评与自我批评。连队还建立了红色战士委员会,设经济、卫生、宣传、白军等委员若干人,有主席 1 人,按伙食单位召集。经济委员管连队伙食,出入账目等,卫生委员负责连队的清洁卫生,宣传委员在打粮、

---

① 参见《红二十八军坚持鄂豫皖边区三年游击战争时期政治工作的基本情况》,载中国工农红军第二十八军战史编辑委员会:《中国工农红军第二十八军坚持鄂豫皖边区三年游击战争史资料选编》,内部,1982 年 12 月,第 120—121 页。

② 《杨克敏关于湘赣边苏区情况的综合报告》(1929 年 2 月 25 日),载江西省档案馆、中共江西省委党校党史教研室编:《中央革命根据地史料选编》(上),江西人民出版社 1982 年版,第 34 页。

分粮给群众时做宣传工作,白军委员负责在战场上组织向白军喊口号,要其投降过来,宣传红军政策等。全连红色战士大会或委员会通常每半月或一月召开一次。①

三是严格执行军队各项纪律,密切党的群众基础。红军以军纪严明著称,这也是红军区别于旧军队,赢得了群众支持的重要原因。红28军纪律严明,规定:不拿群众一针一线;损坏东西要赔偿;买卖要公平;大小便要避女人;不准调戏妇女;一切缴获要归公。对俘虏,红28军规定有不准搜腰包,不准打骂,不准侮辱的政策。一般是战斗一结束,就由专人把俘虏集中起来,教育后发给路费释放。坚决要求留下当红军的,分到连队,不得歧视。有些新区的群众,因不了解红军而躲藏起来,指战员采购东西后就留下钱,写明情况。遵守群众纪律,凡是借用群众的门板、铺草、脚盆等,部队离开时都要还到原处,把老百姓家打扫干净。1935年春,部队离开潜山县一村庄时,宣传队发现特务营驻地未清扫,铺草未捆好。立即向师政委方永乐作了汇报,方永乐同志当即命令特务营停止前行,派人回去捆好铺草,清扫驻地,再追赶部队。② 红28军还十分注意做群众工作。政治部宣传科下设三个队:一是粘糊队,负责贴标语,插路标,分发捷报宣传品等;二是粉笔队,负责写各种宣传口号,向群众进行宣传红军的政策方针;三是宣传队,与尖兵在一起,负责调查土豪,了解情况,部队打开寨子后,负责召集群众,揭露土豪劣绅的罪行,开仓分粮,救济贫苦人民。三年游击战争中,群众的支持是红28军生存和发展的关键和基础。③

---

① 参见《红二十八军坚持鄂豫皖边区三年游击战争时期政治工作的基本情况》,载中国工农红军第二十八军战史编辑委员会:《中国工农红军第二十八军坚持鄂豫皖边区三年游击战争史资料选编》,内部,1982年12月,第118—119页。

② 参见石裕田等:《坚持党对军队的领导——红二十八军的政治工作》,载中国人民解放军历史资料丛书编审委员会:《南方三年游击战争(鄂豫皖边游击区)》,解放军出版社1992年版,第96—97页。

③ 参见《红二十八军坚持鄂豫皖边区三年游击战争时期政治工作的基本情况》,载中国工农红军第二十八军战史编辑委员会:《中国工农红军第二十八军坚持鄂豫皖边区三年游击战争史资料选编》,内部,1982年12月,第121—122页。

第六章　鄂豫皖边三年游击战争武装力量建设

　　武装斗争是近代中国革命的主要形式,建立和掌握一支强有力的武装力量是坚持革命和赢得政权的关键。中国共产党自从汲取了大革命失败的教训后,认识到了"枪杆子里出政权"的道理,在独立领导革命、创建各苏区的过程中,逐步建立了一支由红军、游击队和赤卫队三结合的武装力量体系,"实现民众军事化、军事民众化"①。但在各苏区主力红军相继转移,主要根据地丧失、群众性的赤卫队难以生存的情况下,留守南方各游击区的武装力量主要是以游击队的形式坚持三年游击战争。然而,鄂豫皖边游击区仍保持着主力红军即红 28 军、游击队和便衣队相结合的三位一体的武装力量体制,一直坚持到了抗日改编。那么,这一时期的三结合武装力量体制是怎么建立起来的,它与之前的三结合体制有什么不同,特别是主力红军、游击队、便衣队三者之间是如何配合互动及运作调适等都是本章着力回答的问题。

---

　　① 《江西省委致湘赣边特委工作指示》(1929 年 7 月 6 日),载中国工农红军第二方面军战史编辑委员会:《中国工农红军第二方面军战史资料选编》(三),解放军出版社 1996 年版,第 31 页。

一、逐级递进的军事化结构

中国传统兵文化一个总的发展趋势是"兵与民隔离","先是军民不分,后来军民分立,最后军民对立"。① 近代中国的反侵略斗争可谓屡战屡败,不少人也将其原因归为这种"以兵为民""兵民分离"的兵制和社会心态,提出"欲改造中国之军人,须变朝廷的军队为国民的军队,改'以兵为民'为'以民为兵'"②,希望通过"民"与"兵"结合形成"全民皆兵"的军事体制来摆脱战场的溃败。事实上,中国共产党在国共合作和北伐期间,就提出了"民众与武力结合"③的主张,"使全体工人有受军事训练"④,"使个个革命农民受着武装训练"⑤。在大革命失败后,中共在军事斗争的实践中,通过"工农群众的军事化"⑥,建立"乡村军事化以抵抗敌军的侵入"⑦。但是,无论是"全民皆兵",还是"军事化"⑧并不是

① 雷海宗:《中国文化与中国的兵》,商务印书馆 2001 年版,第 27—28 页。

② 飞生:《真军人》,《浙江潮》1903 年第 3 期。

③ 《政治报告》(1926 年 12 月 13 日),载中央档案馆编:《中共中央文件选集》(1926 年),中共中央党校出版社 1989 年版,第 565 页。

④ 《职工运动议决案》(1927 年 4—5 月),载中央档案馆编:《中共中央文件选集》(1927 年),中共中央党校出版社 1989 年版,第 83 页。

⑤ 《中央通告农字第五号——农运策略》(1927 年 6 月初),载中央档案馆编:《中共中央文件选集》(1927 年),中共中央党校出版社 1989 年版,第 161 页。

⑥ 《中共广东省委扩大会议军事问题决议案》(1928 年 4 月 13 日),载中央档案馆、广东省档案馆编:《广东革命历史文件汇集(中共广东省委文件)》1928 年(二),1983 年内部发行,第 265 页。

⑦ 《湖南省委给湘赣边特委及四军军委信》(1928 年 6 月 19 日),载井冈山革命根据地党史资料征集编研协作小组、井冈山革命博物馆编:《井冈山革命根据地》(上册),中共党史资料出版社 1987 年版,第 139 页。

⑧ "军事化"的思想源于 20 世纪初"军国民教育"和"尚武"等思潮,其概念出现在 20 世纪20 年代,在三四十年代已普遍使用,比如体育军事化、生活军事化、社会军事化、民众军事化、乡村军事化,等等。最早对"军事化"作出学术定义的是孔飞力,他认为"军事化既可以看作是一个过程,也可以看作一系列的类型。它是人们从平民生活制度中分离出来的过程。它也是表示种种可能分离程度的一系列制度的类型","军事化水平"则意味着"离开平民一极而向军事一极接近的程度",根据军事化水平的不同,体现为不同等级组织的军事化结构,如晚清地方军事化出现的"团练、勇、地方军"([美]孔飞力:《中华帝国晚期的叛乱及其敌人:1796—1864 年的军事化与社会结构》,中国社会科学出版社 1990 年版,第 14、171 页)。笔者认同孔飞力关于"军事化"的解释,以及从军事化程度差异而形成的等级组织来考察军事化结构的研究路径,本章中所涉及的"军事化"概念大体也持这一含义。

要使每一个"民"都变为"兵",而是要通过一种梯次有序的军事化结构来实现"民"与"兵"的结合。中共在军事斗争实践中形成了赤卫队、游击队、红军三结合的武装力量体制,分别以不脱产、半脱产、全脱产的形式实现武力与民众的结合,同时依照逐级递进的军事化水平,分别承担着"后备""中卫"和"前卫"的功能①,进而构成一个严密的共同防御体系。同样,在鄂豫皖边三年游击战争中形成便衣队、游击队、红28军的三结合体制,主力红军和游击队在组织形式、功能作用发挥等方面与此前并没有明显区别,便衣队与赤卫队却有着较大的差异,但依然呈现出这种武力与民众紧密结合、逐级递进的军事化结构形态。

(一)亦兵亦民的武装便衣工作队

三结合武装力量体制的根本目的,就是要保持"民众与武力相结合",其中关键一环是要建立一种普遍的群众性武装组织,它不脱离生产,亦兵亦农,"拿起镰刀、犁把就是生产耕作的农民,拿起武器参加行列就是兵士","藏埋在群众里面要与农民融在一块",②处于军事化的最低层级,但又是从民众中直接产生的基础力量。在鄂豫皖边区,黄安、麻城在大革命时期就建立过群众

---

① 《江西省委致湘赣边特委工作指示》(1929年7月6日),载中国工农红军第二方面军战史编辑委员会:《中国工农红军第二方面军战史资料选编》(三),解放军出版社1996年版,第31页。这份文件是这样描述三者间关系:一种是以乡区县为单位的赤卫队……梭柄、火炮、锄、木棍、铁杆都是他们的武器,它是民众军事的组织,它是游击战争的后备队,它是巩固后方的民兵。他们拿起镰刀、犁耙就是生产耕作的农民,拿起武器参加行列就是兵士。赤卫队是藏埋在群众里面要与农民融在一块。一种是游击队,以边界区域为单位的组织,它是游击战争的中卫,它是农民中坚分子的武装集团,它的游击工作是在边界数县,地方做打圈子的游击行动(自然游击工作的扩大,或环境不利时,不一定死守着边界),它的最高组织,宜用大队名义,以下可根据中心区域工作分为几个中队(独立团的名义,容易给敌人以攻破目标,目前不甚适用),中队以下分小队,以利便于集中和分散作战组织原则。一种是红军,他是游击战争的前卫。前委所统辖的彭德怀基本队伍,是有历史意义的,它在全国有很大的政治影响,他为敌人最注目的对象。因此,游击行动因种种关系比较行动范围扩大,不一定限于边界。
② 《江西省委致湘赣边特委工作指示》(1929年7月6日),载中国工农红军第二方面军战史编辑委员会:《中国工农红军第二方面军战史资料选编》(三),解放军出版社1996年版,第31页。

性的武装组织农民自卫军,后改为赤卫队。1931 年 7 月,鄂豫皖特苏军委会发布关于整顿地方武装的通令,改为赤卫军,"不脱离生产,在军事时期才集中行动","年龄暂规定十八岁以上三十五岁以内",要求必须定期举行会操,"每乡十天举行一次、每区一月举行一次",编制按照军队三三制执行,"大村编成一排,小村可合数村共编一排,每乡编一连或一营,每区编一团,或多于一团"。① 在 1931 年前后,仅皖西北地区加入赤卫军的群众就有 10 万余人,在河南新县一些村子加入赤卫军的比例高达 40%。②

三年游击战争时期,由于根据地大多丢失,基层政权主要为国民党所控制,赤卫队或赤卫军这种群众性的武装力量已经不存在了。群众武装的缺乏,导致主力部队在兵员补充、钱粮筹集等方面存在较大困难,这也是很多游击区武装力量规模不大的重要原因。但是,鄂豫皖边区便衣队的出现,特别是后来的广泛发展,一定程度上承担起了这种群众性武装组织的角色,使得边区红军游击队在残酷环境中历经多年作战还能保持适当的规模。

便衣队,也称武装便衣工作队。便衣队的产生模式主要两种,一种由原来县区乡的党政部门的共产党员和革命群众转为便衣队。最早产生的便衣队就是这种类型,当时在黄安三区等地,国民党占领根据地后,留下来的共产党员和革命群众仍然秘密坚持革命斗争,实际上是"日降夜不降,女降男不降,口降心不降,明降暗不降"。后来由于形势更为严峻,这些乡苏的负责人和共产党员站不住脚,就带着枪及政府的印到处游击,镇压反革命,照顾红军家属,这样就形成了便衣队。③ 还有一种就是由红军游击队在老苏区投放的便衣队。

---

① 《鄂豫皖特苏军委会关于整顿地方武装的通令》(1931 年 7 月 26 日),载中国工农红军第四方面军战史编辑委员会:《中国工农红军第四方面军战史资料选编》(鄂豫皖时期·下),解放军出版社 1993 年版,第 326—327 页。

② 参见《豫东南、皖西北地区赤卫军实力统计》,载中国工农红军第四方面军战史编辑委员会:《中国工农红军第四方面军战史资料选编》(鄂豫皖时期·下),解放军出版社 1993 年版,第 761—762 页。

③ 参见河南省地方党史编纂领导小组办公室,河南省档案馆、河南省中共党史学会编:《鄂豫皖苏区革命斗争史资料汇编》(内部资料),1981 年 9 月,第 79—80 页。

皖西的便衣队大多是这种类型,由于带着伤病员不利于游击作战,红28军或地方游击师专门留下人员来照顾掩护这些伤病员,后来发展成为便衣队。便衣队的产生也分为两个阶段,最初是在老苏区产生,后为开辟新区及到平原开展游击战争,红28军有意识地在敌占区投放便衣队。

一个便衣队一般少则三五人,多则不过七八人,也有少数便衣队达到数十人,队员基本上都是本地人,亦民亦兵,身着便衣,携带易于隐蔽的短枪、匕首等轻便武器,秘密分散活动,灵活机动打击敌人。从组织隶属关系来讲,便衣队既有直属于道委和特委机关的,如鄂东北道委直辖大悟山便衣队和道委机关便衣队,中共罗陂孝特委直辖9个便衣队,中共光麻特委直辖9个,中共皖西特委(后皖鄂特委)直辖12个便衣队;也有直属于中心县委或区委的,如中共黄冈中心县委直辖2个便衣队,中共商南县委直辖7个便衣队,中共蕲春中心区委直辖10个便衣队,其他的区少则1个,多则有8个,如中共光麻特委的八里区直辖8个便衣队。有些便衣队还下辖若干个小便衣队,如直属罗陂孝特委的灵山便衣队下辖灵山冲、周塘埂、柳林镇、上山、史鼻子沟等5个小便衣队,直属皖鄂特委的便衣6分队下辖7个小便衣队。① 其实,从组织形态和活动方式来看,便衣队更像是游击队的一种类型。但从群众的联系和发挥的作用来看,则与赤卫队更接近,便衣队直接隐于群众中,通过建立农民小组争取群众的支持,利用武装争取保甲长暗中支持,宣传、组织和武装群众,扩大游击区,为游击队和主力红军提供信息情报、兵员补充和稳固立足点。而且以更宏阔的视野观察,一个便衣队虽然只有寥寥数人,但通过发动群众由一个立足点发展成为一个基本面,若干点面构成一片,随着便衣队组织的广泛发展,上百个便衣队星罗棋布地存在,从老苏区到新苏区,从山地到平原,把党和军队的影响和组织遍及整个鄂豫皖边区。从这个意义讲,便衣队虽然处于军事化层级的最低端,作为党和军队联系群众最基层的武装组织,扎根于群众之中,通

---

① 参见《武装便衣工作队一览表》,载中国人民解放军历史资料丛书编审委员会:《南方三年游击战争(鄂豫皖边游击区)》,解放军出版社1992年版,第424—426页。

过其所发动的群众力量,实际承担了赤卫队这种群众武装组织的功能和作用,成为武力与民众结合的基础组织。

(二)半脱产的游击队

在三结合武装力量体系之中,"赤卫队与红军的中间有游击队"①,游击队处于军事化的中间层级,武器装备水平、战斗力都强于赤卫队,但又次于红军,是不完全脱离生产,没有作战任务时也参加农业生产,主要在边界区域活动,承担着双重任务,一是当主力红军离开时,保护根据地的安全作用,主要是打击国民党地方武装的进攻,二是为主力红军输送兵员和打土豪筹款等后勤保障任务。游击队的编制是根据作战任务和军事化水平不同而有所区别,在土地革命战争早期,游击队主要任务是在边界地区拓展和保卫苏区,其编制为适应游击战的作战需要,灵活多样;在土地革命战争的运动战阶段,游击队是作为红军后备军和补充军而存在,一般称为独立团营、警卫营连等,其编制多与红军相同。

在三年游击战争时期,其他主要游击区的主力红军大都化为游击队,成为主要的武装力量。但在鄂豫皖边的武装力量体系中,由于红28军作为主力红军始终存在,以及遍及边区的便衣队组织,游击队仍然保持着边区军事化结构的中间层级地位和作用。游击队的编制结构适应游击斗争的需要,较为灵活,少则数10人,多则达300余人,名称没有统一,有叫游击队或游击大队,也有按军队建制命名的,如独立团、游击师、战斗营、教导营、特务营等。游击队的组成主要是由原地方党组织的党政部门工作人员和直属队,以及便衣队或由其发展的革命群众集中起来整编而成的。此外,还有红28军有意投放的骨干力量或原伤病员痊愈后留下的部分力量。早期游击队的武器主要是单响短枪或五响枪,另有少量驳壳枪,多来自于民团的缴获和红军的支援,以及筹款购买,也有一些

---

① 《中共中央政治局关于苏维埃区域目前工作计划》(1930年10月24日),载中央档案馆编:《中共中央文件选集》(1930年),中共中央党校出版社1989年版,第458页。

自造的土枪。如黄安游击队的"武器系土造的盒子枪,每次装步枪子弹一颗,在一里路的射程内十分有效,他们名叫'黄安造'"①。后红四方面军和红25军撤离后留下的枪支较多,武器有较大改进。由于长期处于艰苦紧张的游击环境中,游击队的政治教育相对缺乏,军事训练主要是通过实战来加以锤炼。

游击队由地方党组织直接领导,属于地方武装部队,主要包括鄂东北和皖西北(皖鄂)两个区域。活跃在鄂东北的地方武装主要是鄂东北独立团,由于独立团多次补充给红28军,三年游击战争时期重组过4次,最多时有300余人,其间担任团长的先后有熊先春、陈守信(代)、秦贤安、陈希堂、顾士多,担任政委的先后有徐诚基、张生先、洪益万、陈明江(代)、黄仁廷、李远明、李士怀,后整体编入新四军第4支队第9团。鄂东北的地方武装还包括直属鄂东北特委的一路游击师、光麻特委领导的三路游击师,罗陂孝特委领导的九路游击师,这些游击队虽然名为师,实际上编制相当于一个加强连,一般下辖一个战斗连和一个手枪队,人数少则七八十人,多则140余人,这几个游击师后来都编入了鄂东北独立团。1935年5月鄂东北道委组建了鄂东北特务队,有60余人,一直坚持到抗日改编。② 皖西北(皖鄂)的地方武装,红25军撤离时尚包括一路游击师(200余人)、二路游击师(200余人)、三路游击师(170余人)、道委特务队(20余人)、商北大队(200余人)、银沙畈战斗营等,后来又先后成立过246团、四路游击师、洪家大山战斗营、龙门冲战斗营、皖潜游击大队、潜北游击大队、英霍潜太四县游击师、蕲州游击师、潜山游击队、蕲黄广游击大队、商南大队、潜山战斗营、英罗游击队、潜太游击队等武装力量,后大都编入红28军。③

---

① 《曹壮父给中央的报告——黄安的形势,建立鄂豫皖苏维埃的理由》(1928年12月15日),载中国工农红军第四方面军战史编审委员会:《中国工农红军第四方面军战史资料选编》(鄂豫皖时期·上),解放军出版社1993年版,第128页。

② 参见《鄂东北地区地方武装序列表》,载中国人民解放军历史资料丛书编审委员会:《南方三年游击战争·鄂豫皖边游击区》,解放军出版社1992年版,第422页。

③ 参见《皖西北(皖鄂)地区地方武装序列表》,载中国人民解放军历史资料丛书编审委员会:《南方三年游击战争·鄂豫皖边游击区》,解放军出版社1992年版,第423页。

（三）主力红军——红 28 军

主力红军是根据地军事化程度最高的武装组织,是"游击战争的前卫"[1],无论是组织编制、装备水平、军政训练、战斗力等都处于军事化结构的顶端。红军是超地方性,完全脱离生产,跨区域作战,是一个战斗队,是打击国民党军队的核心力量。不过,与传统职业化军队相比,红军除了进行作战外,还承担着繁重的筹款和宣传任务,在困难时期还要从事生产活动。

鄂豫皖边游击区的红 28 军,是南方各游击区中唯一一个始终保持军级单位的主力红军。在鄂豫皖边根据地革命斗争史上,曾经三次组建红 28 军。1933 年 1 月上旬,为坚持皖西北游击战争,鄂豫皖省委决定成立红 28 军,下辖 82 师,设 244 团、246 团和特务营,分别由原红 25 军第 74 师 221 团、红 27 军第 81 师第 2 团及红 25 军特务营组成。同年 4 月,省委又决定将红 28 军和红 25 军合编,将红 28 军编为红 25 军第 73 师。另外将红 28 军特务营和第 244 团第 1 营及皖西北第 3 路游击师的大部组编成第 82 师,继续留在皖西北坚持斗争。1933 年 10 月,红 28 军第二次组建,下辖第 82 师第 244 团、第 84 师第 250 团(该部由红 25 军通过潢(川)麻(城)公路时被国民党军分割,由徐海东率领转移到皖西北地区的后卫部队编成)。1934 年 4 月,红 25 军和红 28 军在商城东南部的豹子岩会师,红 28 军再次编入红 25 军。与此同时,红 28 军第 244 团第 1 营、军部特务营以及第 3 路游击师合编为新的红 82 师。1934 年 11 月,红 25 军长征后,高敬亭将分散活动的红 82 师、第 3 路游击师和留下的红 25 军第 74 师第 3 营及手枪团一个分队集中整编为第 218 团。[2]

---

① 《江西省委致湘赣边特委工作指示》(1929 年 7 月 6 日),载中国工农红军第二方面军战史编辑委员会:《中国工农红军第二方面军战史资料选编》(三),解放军出版社 1996 年版,第 31 页。

② 参见汪海江、张绘武:《中国工农红军第 28 军的由来和发展》,载《军事历史》2011 年第 3 期。

1935 年 2 月 3 日,根据鄂豫皖省委的指示精神,红 28 军在太湖县凉亭坳第三次组建,由红 218 团和鄂东北独立团合编而成。新组建的红 28 军成为坚持三年游击战争的主力红军,下辖第 82 师和手枪团,第 82 师下设 244 团和特务营,244 团下设 3 个营,手枪团下设 3 个分队,后来还在第 82 师下设过第 245 团[①]。

关于红军的编制,中共中央曾要求,"各地作战,需要不同,红军组织须以适合当地需要为原则"[②],"最要紧的是使之能适合于游击动作,指挥单位不要过多,军事组织及名称不必拘于一个固定形式"[③]。随着正规化程度的提高,中共中央明确要求工农红军实行"三三制"。[④] 显然这样严格的"三三制",在三年游击战争时期很难实行。为适应游击战争的需要,红 28 军的编制比较灵活,虽然名为军,实际只有 4 个营的兵力,因此军下只设置一个师,师下设一个团,为了便于指挥,除了设置了政治部和经理部外,军师级机关基本没有设置,但充实了基层战斗单元,在营连一级都实行了"三三制",以确保作战时的相互战术配合。此外,红 28 军的编制中还有一个其他红军部队中少见的"手枪团"。据学者考证,"手枪部队"本身并不是红军的创造,在北洋军阀中就有过,最初主要是作为警卫部队出现的,一般编制都不大,有的干脆就叫作"手枪队",当时最大的编制就是手枪营了,后在西北军发展的时期,"手枪部队"逐步地脱离了纯粹警卫部队的特点,开始有了"特种兵"的性质,起着战斗突击队的作用。[⑤] 红四方面军最初设置"手枪队",也主要是起警卫队的作用。

---

① 245 团于 1936 年 3 月设立,1936 年 8 月改称为第 244 团第 3 营。
② 周恩来:《六大以后军事工作的主要任务》(1928 年 7 月 3 日),载总政治部办公厅编:《中国人民解放军政治工作历史资料选编》土地革命战争时期(一),解放军出版社 2002 年版,第91 页。
③ 《中共中央给红军第四军前委的指示信——关于军阀混战的形势与红军的任务》(1929年 9 月 28 日),载总政治部办公厅编:《中国人民解放军政治工作历史资料选编》土地革命战争时期(一),解放军出版社 2002 年版,第 284 页。
④ 参见《中国工农红军编制草案中有关卫生机构的摘录》(1930 年),载张奇秀主编:《中国人民解放军后勤史资料选编》土地革命战争时期(第 1 册),金盾出版社 1993 年版,第 59 页。
⑤ 参见胡遵远、张应松:《红军"特种部队"——手枪团》,《档案天地》2017 年第 6 期。

红25军曾设立"手枪团",后红28军延续了这种设置。红28军手枪团约300人,下设3个分队,一般每人配有一把手枪和一支马步枪,短促突击能力和单兵作战能力较强。这种设置是适应游击战争的需要而产生的,由于这时与国民党作战的规模一般都较小,大都是团营一级的单位,且作战方式大都是短距离的遭遇战或伏击战,这就可以充分发挥手枪团的突击力量和近距离抵近射击及单兵格斗的能力。同时,"手枪团"还起着特务队的作用,高敬亭在各地的检查工作一般都会带着1—2个分队。红28军的武器装备相对较好,原来红25军留下不少枪支、弹药,"每一个班都有轻机枪,有的班有两挺机枪"①,补充主要靠部队打仗缴获,有时也通过便衣队从国民党统治区购买少量的子弹和枪支。由于长期处于游击流动状态,很难有专门时间规范军事训练,如集体操练等,红28军的军事训练主要是立足实际,重点在练习射击技术、单兵作战能力,以适应小规模游击作战需要,特别是经过红25军时期的锻炼,红28军的官兵单兵作战能力强,"好多排长可以做了解地形、判断地形指挥作战,搜集粮食,宿营地点,能独立指挥"②。国民党豫鄂皖边区巡察专员袁德性也发现:"匪方现因时间不许可,且为避免外间明了他的实力起见,由去年八月至今未曾出操,出发时亦不报数,故毫无训练,常以恐怖为团结的核心,唯故哨、射击时常练习。"③红28军的政治训练抓得比较紧,红82师设有政治部,印发了《红军政治教材》和《红军须知》等基本教材,形成了一套较有针对性的思想教育方法。

---

　　① 《郑位三同志谈话记录(第五次)》,1959年4月29日于汉口德明饭店,湖北档案馆:SZA—2997。

　　② 《郑位三同志谈话记录(第六次)》,1959年4月29日于汉口德明饭店,湖北档案馆:SZA—2998。

　　③ 《袁德性关于豫鄂皖边区巡察的报告》,载中国人民解放军历史资料丛书编审委员会:《南方三年游击战争(鄂豫皖边游击区)》,解放军出版社1992年版,第521页。

二、相互配合的武装力量体系

便衣队、游击队、主力红军,三者依据编制规模、武器装备、军政训练等军事化水平的不同,呈现出逐级递进的结构形态,同时又分别以不脱产、半脱产、全脱产的形式,保持军事与社会的联系,实现武力与民众的结合。这种联系与结合主要体现为三者之间在兵员补充、后勤供给、作战协同等方面的调适、补充与配合。

(一)兵员补充

士兵是军队的基础,但战争必然会造成大量军人伤亡。因此一个相对稳定、质量较高的士兵补充来源,是维持一支军队的规模和战斗力的前提和基础。初创时期的红军主要采取优待俘虏和公开征募的办法,吸收俘虏兵和当地的农民来参军,但效果都不甚理想,因为俘虏兵愿意留下当红军并不多,而农民也大多不愿离开本乡本土去参加革命,因而不少部队出现枪多人少的局面,比如当时的朱毛红4军也一度出现了"有枪无人的苦楚"[1]。随着根据地的巩固扩大,特别是赤卫队、游击队等地方部队的组建,红军的兵员主要采取由地方武装升级到正规军的形式。1932年9月,中央明确:"正式红军属于使用兵力方面,赤卫军、少先队属于积蓄兵力的场所。"[2]这种兵员补充方式,不仅扩军速度快,而且质量高,经过短期训练就可以迅速走上战场。[3] 李天焕曾

---

[1] 《杨克敏关于湘赣边苏区情况的综合报告》(1929年2月25日),载江西省档案馆、中共江西省委党校党史教研室编:《中央革命根据地史料选编》(上册),江西人民出版社1982年版,第33页。

[2] 《中央执行委员会关于扩大红军问题的训令》(1932年9月20日),载总政治部办公厅编:《中国人民解放军政治工作历史资料选编》土地革命战争时期(二),解放军出版社2002年版,第209页。

[3] 参见中国人民解放军福建省龙岩军分区政治部、中共龙岩地委党史资料征集研究委员会编:《闽西地方武装概略》,1982年10月,第158—159页。

谈到:"这种办法效果很大,因农民们开始一下不愿意离开他的家乡,由地方武装经过教育再过渡到正规军则较易。"①

从宣传动员农民参加赤卫队,再将其骨干补充到当地的游击队,再到加入主力红军,其间经历了革命觉悟、技战术水平等不断提升的过程,这是中共在革命的实践中逐步摸索出来的主力红军的兵员补充方式。三年游击战争时期,由于赤卫队这类群众性的武装组织都已经不存在了,兵员补充存在很大困难,这也导致许多游击区的红军很难得到补充,大都以游击队的形式存在。

鄂豫皖边区由于便衣队这种具有创造性的武装组织的出现,通过便衣队与群众的密切联系,以极秘密的形式,一定程度上替代了赤卫队的兵员补充功能。兵员补充的方式,一般也是采取由便衣队及发动的革命群众加入独立团、游击师、游击队等地方武装,地方武装经历战争锻炼后再加入红 28 军。红 28 军在整个游击战争期间经历了大小上百次战斗,每次战斗都有不同程度的伤亡,但红 28 军始终都保持了 3—4 个营规模的兵力,其兵力主要来自于地方武装的补充。如鄂东北独立团在三年间曾因补充红 28 军先后多次重建,1934 年 11 月底由光西战斗营、罗山教导营及红 25 军西征后留下的 30 余人组成鄂东北独立团,共 300 余人,由方永乐、徐诚基等率领与高敬亭领导的 218 团会合,成为组建红 28 军的基干力量。1935 年 1 月,鄂东北道委又把光山独立团一个营和河口特务营合编,再次组建鄂东北独立团,共 200 余人,后于 1935 年 5 月高敬亭率部西进桐柏山将其全部编入红 28 军。与此同时,鄂东北道委又以一路游击师和九路游击师为基础,第三次组建鄂东北独立团。在皖西北地区的地方武装,如第 246 团、各路游击师和游击队,经过一定时期游击战争的锤炼后,也大都编入了红 28 军。

地方武装的兵力前期主要由原来红四方面军和红 25 军时期留下的部分

① 李天焕:《红四方面军在川北的发展与建设》(1945 年 2 月 1 日),载中国工农红军第四方面军战史编辑委员会:《中国工农红军第四方面军战史资料选编》(川陕时期·上),解放军出版社 1993 年版,第 59 页。

骨干和发展的群众武装组成,补充到红 28 军后再发展的武装,有许多是由便衣队员或便衣队发展的革命群众直接加入的。如在皖西,1935 年初,高敬亭在潜山县沙村河放下的以张作汉为队长的一个便衣队,与潜山地下党县委刘正北、叶朗清取得联系、组织发动群众,成立了皖潜游击大队,张作汉任大队长,刘正北任指导员,到 4 月份就发展到 180 多人,打了不少胜仗。5 月改编为皖潜独立营,7 月与四路游击师合并。黄梅县老祖寺便衣队以痊愈的伤病员为骨干组建了薪黄广游击大队,以后发展到一百二三十人,所有这些便衣队、游击队,后来都陆续补入红 28 军。在鄂东北的老苏区、新苏区、红安苏区、光麻苏区的便衣队,也为几次组建独立团、成立特务营、游击师提供了兵员,作出了贡献。①

兵员补充不能仅从群众武装到正规军队的单向流动,要实行双向循环,"红军离开边界委以游击队为指挥作战的主力,红军兵士应按一定时期以几分之几、退伍到游击队或赤卫队去担任政治军事训练工作"②,以培养更多具有一定军政基础的兵员。红 28 军常常把一些骨干力量投入到条件较好的区域组成便衣队,宣传、组织和武装群众,并拔出枪支武装加以补充地方武装。如 1936 年秋,红 82 师特务营到黄冈,拔给便衣队 10 多支枪和一些手榴弹,派了 1 名队长和 5 名班长,便衣队很快就组织起一支 40 多人的游击队,即黄冈战斗第 1 营。1937 年春,红 28 军 25 团团长梁从学在黄冈养伤期间,应群众要求,很快又组织起一支 50 多人、10 多支枪的游击队,即黄冈战斗第 2 营。这两支游击战后来又成建制地编入红 28 军。③

---

① 参见汪少川:《便衣武装星罗棋布显神威》,载中国人民解放军历史资料丛书编审委员会:《南方三年游击战争(鄂豫皖边游击区)》,解放军出版社 1992 年版,第 264—265 页。

② 《江西省委致湘赣边特委工作指示》(1929 年 7 月 6 日),载中国工农红军第二方面军战史编辑委员会:《中国工农红军第二方面军战史资料选编》(三),解放军出版社 1996 年版,第 31 页。

③ 参见汪少川:《便衣武装星罗棋布显神威》,载中国人民解放军历史资料丛书编审委员会:《南方三年游击战争·鄂豫皖边游击区》,解放军出版社 1992 年版,第 264 页。

（二）后勤保障

"军无辎重则亡,无粮食则亡,无委积则亡。"①一定程度上讲,战争打的就是后勤。在根据地较为稳固的时候,较为理想的后勤保障模式应该是:赤卫队是主力部队衣食、兵源、武器的主要供给者,游击队是自我保障和地方保障相结合,主力部队全脱产,主要靠后方补给。② 但在整个苏区时期,由于根据地人口规模不大,特别是始终面对国民党"围剿"的不利态势,红军"物资供应主要靠部队自己解决,⋯⋯是前方供应后方,下级供应上级"③。到了三年游击战争时期,由于没有稳固的根据地,战争模式处于流动状态,既无前后方之分,也没有明显内线外线的区隔,这导致便衣队、游击队和红28军之间的后勤保障很难有明确的分工,大体采用自我保障和相互支援保障相结合的方式。

红28军刚成立时没有设立军级机关,1935年4月专门成立经理部,吴先元为主任,主要负责部队的后勤工作,军以下各级都还设了几名负责经济、军需供给的专职人员,团、营有副官,连有司务长,连队还设有经济委员会。主力部队的物质来源来自三个方面:一是靠战斗的物质缴获,以战养战,部队打下一个城镇,缴获军需物质以及没收土豪劣绅的财产和反动资本家开的商店,缴获来的和没收来的物资,一部分留部队自用,一部分送到后方,其余则救济当地贫苦群众,这是最主要的一种模式;二是打土豪罚款,即土豪劣绅抓起来,要他们拿钱、拿枪、拿子弹、拿东西来赎人,或直接给土豪劣绅写信予以通牒,要他们送多少钱、多少枪支弹药、多少药品布匹等给红军,有的土豪劣绅为保其性命按要求送来;三是由便衣队筹款保障,三年游击战争中,黄冈便衣队为红

---

① 《孙子兵法·军争篇》。
② 参见笔者博士论文《苏区军事化结构与运行机制研究(1927—1937)》,华中师范大学大学博士学位论文,2014年。
③ 《叶季壮部长谈话记录》(1964年11月24日),转引自吴学海:《中国人民解放军后勤史》(土地革命战争时期),金盾出版社1992年版,第321页。

28军提供了银元10多万元,灵山便衣队也上交银元2万元,鹞落坪便衣队还曾在包家河、青天畈、沈家桥等地开设红军地下商店,经营红军需要的油、盐、布匹、电池、药品等,有力地支援了主力红军。地方武装主要以自我保障为主,1935年5月鄂东北道委还专门组建五六十人的特务队,主要任务就是负责搞物质和筹款,多在平汉铁路两侧活动。地方游击队的补给方式主要还是打土豪筹款,后期由于国民党驻剿封锁导致活动困难时,也让便衣队通过地下党组织和基本群众到国民党统治区去购买物资。

便衣队不仅要自我保障,如前所述,在有条件的情况下,还要负责保障主力红军、游击队以及地方党组织的任务。但是,便衣队又与苏区时期的赤卫队不同,赤卫队本身就是农村主要劳动力和农业生产者,便衣队人数较少,只有几百人,而且大部分便衣队处于脱产状态,因此便衣队本身是无法如赤卫队一样提供粮食供给,主要是帮助主力红军和游击队筹款和采购物资。便衣队筹款的方式主要还是向土豪劣绅打粮,如1936年黄冈便衣队在黄冈县新州镇抓到号称"百万富翁"的大土豪毛竹宇作人质,换了5万元。后来有些地区秘密掌握了地方基层政权,改打粮为征粮,甚至实行税收政策,即规定中、小地主定期交纳一定数量的粮款,并保证不替敌人干事,不危害群众,即予以保护,从而有了相对稳定的少数钱粮来源。[1]

部队行军作战,人员伤病不可避免。但伤病员能否得到及时有效救治,直接关系到部队战斗力的恢复和官兵士气的保持,也是对后勤保障能力的重要检验。在苏区时期,一般都有稳定的后方医院,专门负责伤病员的救治。红25军转移后,在鄂东北天台山留有一个较大的后方医院,收容了伤病员200余人,在皖西熊家河也有后方医院。但是,在国民党的频繁"清剿"下,这些后方医院都难以长期坚持,有些医护人员随部队到处游击,也有些分散隐蔽在老

---

① 参见张祥:《努力克服重重困难,尽力实施后勤保障——红二十八军的后勤工作》,载中国人民解放军历史资料丛书编审委员会:《南方三年游击战争(鄂豫皖边游击区)》,解放军出版社1992年版,第101—102页。

区和各游击区,与便衣队结合继续护理治疗。当时,红 28 军医疗救护组织也
不健全,营以上的单位才设有卫生机构,但由于伤亡大,又没有条件培训,医务
技术人员相当缺乏,一个医务所只有二三名医务人员,团医务所也不到 10 名
卫生人员。一般的战斗创伤,通过简单的包扎还能应付,一旦重伤需要动手术
休养,就不大可能随军救治和行动。因为面对国民党不间断的围追堵截,部队
需要快速流动游击,很难带着重伤员行动。在这种情况下,一般联系当地的便
衣队,通过便衣队留下一些钱把伤员安置在基本群众家里进行治疗。便衣队
对伤病员的医护安排非常细致,多方想办法采购急需药品,宁可自己挨饿也要
尽最大努力增加伤病员的营养,在国民党"清剿"严重时,往往拂晓前把伤病
员背到山上分散隐藏,晚上再背回来休息治疗,有时山上很难隐藏,便抬到私
下为便衣队服务的一些保甲长的家里。① 从 1936 年起,在便衣队所开辟的游
击根据地里,由于战斗频繁,收容伤病员较多,逐渐形成了伤员收治点,在山
林里搭起大草棚,办起了一些"山林医院"。仅鹞落坪的"山林医院"就有 17
间病房,200 多个伤病员,为了使伤员不受饿、不受冻、不缺菜,便衣队还与当
地住户签订了包养合同,由 17 户人家包下来,黄冈便衣队先后治愈了 200 多
名伤病员,灵山便衣队先后掩护安置了 70 多名伤员,大岗岭、小河南、仙人台
等地的小医院,也经常收容数十名伤员,莲塘山便衣队和黄安县的便衣队,也
掩护安置了不少伤病员,等等。② 通过多种方式相结合的医疗保障措施,使大
量的伤病员即使是在最困难的时期也能得到最基本的救治,这对于鼓舞官兵
士气、提高部队战斗力具有重要作用,伤病员痊愈后有些返回主力部队继续战
斗,有的留在当地参加便衣队和游击队成为坚持游击战争的骨干力量。郑位
三曾谈到,红 28 军的战斗力很强,"一排人有好几挺轻机枪,子弹多,打起机

---

① 　参见汪少川:《便衣武装星罗棋布显神威》,载中国人民解放军历史资料丛书编审委员
会:《南方三年游击战争(鄂豫皖边游击区)》,解放军出版社 1992 年版,第 259 页。
② 　参见张祥:《努力克服重重困难,尽力实施后勤保障——红二十八军的后勤工作》,载中
国人民解放军历史资料丛书编审委员会:《南方三年游击战争(鄂豫皖边游击区)》,解放军出版
社 1992 年版,第 104 页。

枪来敌人不知道有多少力量,所以那时部队能单独行动。指挥人强,排长、副排长都会指挥,单独作战。在外面游击十多二十天不在乎。"对于其中的原因,他总结了四点,其中之一就是:"把群众联系好了,群众帮红军帮得好。部队怕掉队,怕彩病号有时有顾虑,才不敢打。二十八军没有这个顾虑,彩病号放在群众家里。有群众、便衣队照管,不怕掉队。一个人掉队也能打,又有群众支援,能找到部队,所以群众培养好。"①

(三)作战协同

战场打不赢,一切等于零。这种三结合武装力量体制的军事化效能最终还是要在战场上得以体现。就作战而言,三者之间既有分工,又有相互协作。早在1931年全国工农代表大会上通过的《苏维埃的武装政策》,就规定:红军是各个苏区、各个战线的主力;游击队主要是袭击扰乱敌人,保卫地方;赤卫队与少年先锋队是前线红军现成的后备军,是保卫苏区的地方部队。② 红军是作战攻坚、开拓根据地的主力,游击队和赤卫队的任务主要是保卫地方,配合主力红军作战。此外,赤卫队在战争中最大的作用就是承担支前任务,把粮食、武器、医药等战略物资运往前线,以及将前线的伤病员、俘虏、缴获的物质转运后方。但是,这种作用的发挥更多是在内线作战时才能发挥出来,当红军转入外线作战时,无论参与作战、传递情报、保障供给等作用都更难以发挥。

在鄂豫皖边三年游击战争时期,由于主要根据地基本丧失,剩下的都是被国民党封锁分割成若干小块苏区,再加上后来便衣队在敌占领区秘密开辟的小块游击区,实际没有严格意义界限明确的内线、外线之分,外线之中有内线,

---

① 《郑位三同志谈话记录(第六次)》,1959年4月29日于汉口德明饭店,湖北档案馆:SZA—2998。

② 参见《中国人民解放军历史辞典》编委会:《中国人民解放军历史辞典》,军事科学出版社1990年版,第316页。

内线与外线相互交织。再加上由于敌我实力过于悬殊,游击战争的任务主要是以保存实力为主,有利条件下才寻机歼敌,而苏区内线作战时期主要以开辟和保卫苏区为主,主力红军与地方武装都要投入较为频繁的反"围剿"斗争中去①。因此,三年游击战争时期的作战模式与苏区时期内线作战时的作用发挥不太一样,战斗类型大都以游击过程中的遭遇战居多,这种战斗,一般酝酿决策时间较短、规模较小、持续不长,这决定了便衣队、游击队、主力红军还是以独立作战为主,且地方武装支援配合主力红军作战的方式大都带有临时性、随机性,不可能事先进行充分酝酿准备。

据初步统计,鄂豫皖边区三年游击战争,红军游击队进行的主要战斗有72次,其中红28军单独作战52次,游击队和便衣队单独作战或配合主力红军作战有20次。② 虽然这种直接协同配合作战不算多,但主力红军在多区域、大范围的游击作战牵制了国民党主力部队、直接打击震慑反动民团等地主武装,为各地游击队和便衣队的生存和发展提供有力支撑。例如,在红28军西进东返平汉铁路期间,跨越10余县,行程近700余公里,完全打乱了国民党军的"清剿"部署,鄂东北道委趁机重组独立团,四处袭击敌人,取得不少胜利。在此期间,便衣队也得到了迅速发展,砖桥便衣队、罗陂孝便衣队等积极展开斗争,镇压恶霸地主、土豪劣绅,消灭不少反动保长和民团头目。③ 国民党为彻底"清剿"皖西熊家河老苏区的革命力量,建立了纵横交错的碉堡群,给在当地坚持斗争的地方武装和便衣队造成极大困难,1936年10月,林维先率手枪团第3分队,配合张泽礼领导的商南便衣队,运用伪装战术开展拔除敌碉堡斗争,1个月内在赤城、赤南境内就摧毁了敌人碉堡60多个,仅11月

---

① 以中央苏区第四次反"围剿"作战为例,笔者仅根据《红色中华》的记载梳理,由游击队和赤少队独立参加的战斗就有38次之多。

② 参见《主要战斗战绩统计表》,载中国人民解放军历史资料丛书编审委员会:《南方三年游击战争(鄂豫皖边游击区)》,解放军出版社1992年版,第427—433页。

③ 参见李长如:《飘扬在鄂东北的红旗》,载中国人民解放军历史资料丛书编审委员会:《南方三年游击战争(鄂豫皖边游击区)》,解放军出版社1992年版,第187页。

26 日这一天就拔掉碉堡 10 余座。拔碉堡的军事行动,给国民党军队和民团震动很大,弄得其胆颤心惊,革命群众兴高采烈,纷纷传说"我们的红军又回来了"。反动民团在老根据地失去他们的立脚点,国民党正规军也随之难以活动,地方上的一些反动分子已不敢公开作恶,有些还主动和苏维埃拉关系。①

同时,便衣队、游击队通过各种方式支持配合主力红军作战。一是侧后袭敌扰敌,帮助主力红军牵制敌人。1935 年 3 月鸡冠石战斗后,国民党独 5 旅分多路包围驻在熊家河孤山的后方医院及后勤单位。红 28 军第 244 团第 2 营和二路游击师得悉这一情况下,迅速投入战斗。其中二路游击负责袭击独 5 旅后续部队,从而将独 5 旅调出了熊家河。② 据汪少川回忆,皖西鹞落坪便衣队经常到敌人据点周围活动,一般 5 人一组或 10 人一组插到敌后,进行骚扰。有时打一枪,敌人机枪一夜不停;有时几个便衣队员能缠住敌军一个营打几个钟头,甚至能牵制敌军一个团的兵力。③ 二是侦察敌情,传递情报,为主力红军创造歼敌机会或掩护主力红军行动。便衣队员大都是本地人,熟悉地形、敌情,对本地区国民党部队的人数、战斗力、动向,及周围的据点设施,都调查得比较清楚。红 28 军主力部队从便衣队活动地区经过时,走什么路线,住在什么地方,哪个据点可以打,便衣队都能提出切合实际的意见,使主力部队掌握了主动权,行动自如。1936 年 5 月,红 28 军第 244 团 1 营到平汉铁路以西游击,鄂东北道委书记陈守信派熟悉路西情况的道委特务队随 1 营行动,连续打下敌人多个据点。1936 年底,鄂东北九路游击师师长张凯带领部队到四望山一带,准备打下一个寨子后过年,当地便衣队详细介绍了磨盘

---

① 参见张国安:《三年游击战争时期的熊家河》,载中国人民解放军历史资料丛书编审委员会:《南方三年游击战争(鄂豫皖边游击区)》,解放军出版社 1992 年版,第 235 页。
② 参见中国工农红军第二十八军战史编辑委员会:《中国工农红军第二十八军坚持鄂豫皖边区三年游击战争史资料选编》,内部,1982 年 12 月,第 146 页。
③ 参见汪少川:《便衣武装星罗棋布显神威》,载中国人民解放军历史资料丛书编审委员会:《南方三年游击战争(鄂豫皖边游击区)》,解放军出版社 1992 年版,第 262 页。

寨的情况,由于敌情掌握充分,随后制订攻打方案,总共用了1小时20分钟就打掉了这个寨子,部队无一伤亡,毙伤敌30多人,寨子上40多条长短枪被全部缴获。①

---

　　① 参见汪少川:《便衣武装星罗棋布显神威》,载中国人民解放军历史资料丛书编审委员会:《南方三年游击战争(鄂豫皖边游击区)》,解放军出版社1992年版,第263—264页。

第七章　鄂豫皖边三年游击战争统一战线工作

　　政策与策略是党的生命,统一战线则是无产阶级政党策略思想的重要内容。毛泽东曾把统一战线作为中国革命胜利的三大法宝之一。① 1959 年 4 月,郑位三在与湖北省党史调查组工作人员交谈时就曾讲道:"三年游击战争我们是劣势,要解决这个问题,……对敌人斗争坚强是主要的,但只有坚强,没有巧妙就难坚持,难发展,结果是壮烈牺牲。虽然敌人付出了很大的代价,但结果自己还是牺牲了。只有加巧妙才能不败,不牺牲,才能发展。"②郑位三提到的"巧妙",实际上就是要掌握正确的政策和策略,并将其概括为游击战争、昼伏夜动、两面政策、统一战线等四位一体的政策。这些政策和策略都是在与中央和上级失去联系的情况下,在实际斗争中独立摸索出来的,不仅对于当时鄂豫皖边三年游击战争的坚持和发展起了重要作用,而且许多做法在后来抗战中的敌后游击战争中得以沿袭。

---

　　① 参见《毛泽东选集》第二卷,人民出版社 1991 年版,第 605—606 页。
　　② 《郑位三同志谈话记录(第六次)》,1959 年 4 月 29 日于汉口德明饭店,湖北档案馆:SZA—2998。

一、动员基本群众,形成游击战争的基干力量

近代中国社会是一个两头小中间大的阶级结构,中国共产党作为无产阶级政党,仅靠自身的阶级力量要在一个还是前近代的农业社会取得革命胜利是不可能的,必须争取一切可以团结的力量,实行统一战线战略。也正是从这个意义讲,统一战线确实是中国革命取得胜利的重要法宝。从中共统一战线的对象来看,首先就必须得到占人口绝大多数农民阶级的支持,建立巩固的工农联盟。特别是近代中共"革命下乡"后,动员团结农民参加革命是中共革命成功的前提和基础,这在任何时期都是中共统一战线的核心和重点。特别是在鄂豫皖边三年游击战争时期,斗争形势异常险恶复杂,党的组织体系受到严重破坏,红军游击队力量极其弱小,在这种情况下如果没有组织动员基本群众的参与和支持,是根本不可能坚持下来的。同样,国民党也意识到这个问题,在对红军游击队进行武力"清剿"的同时,重点通过移民并村、保甲、"剿抚兼施"等一系政策措施,甚至提出要派"工作队深入山中,开导民众,洗涤其思想,变换其环境"等所谓"从思想上根本肃清之办法",①企图与中共争取基本群众,割断红军游击队与群众的联系渠道。

在中共早期根据地建立过程中,从动员的主体力量来看,一般有包括由外来军队动员为主和本地党组织动员为主等两种模式。前者如井冈山根据地的建立,主要是由于朱毛红4军的到来,通过建立党的组织和地方政权,并进而依据党的组织和政权来动员群众。1929年朱毛红军下山在赣南闽西一带建立根据地,其模式也基本类似,由红军主力打下主要中心据点建立根据地,再宣传、组织、武装群众,即由"军队来创建党、政权和群众"。后者主要以鄂豫皖根据地的建立较为典型,走了一条由"从群众中产生党、政权、军队"的路

---

① 《袁德性关于豫鄂皖边区巡察的报告》,载中国人民解放军历史资料丛书编审委员会:《南方三年游击战争·鄂豫皖边游击区》,解放军出版社1992年版,第519页。

径,其中本地的革命知识分子扮演了"播火者"的角色,通过"串亲戚""交朋友""谈天""唱山歌"等①乡村最常见的动员方式进行革命道理的宣传,并把农民组织起来。② 前者模式的优势是有外来军队的支持,根据地建立较快,群众发动起来较为容易,但这种模式容易造成群众对军队的依赖性,一旦主力红军离开,要独立坚持斗争有较大的困难。后者模式的优势是由于是本地人的革命,农民与地主间的"阶级仇恨"意识嵌入比较彻底,"都是与本地地主进行你死我活的斗争"③,即便主力红军离开根据地,只要进行适当的组织与引导,农民中的这种"阶级意识"就会被"唤醒",就会起来斗争,但这种模式也容易形成浓厚的地方主义观念,且"赤白对立"的局面比较严重。

鄂豫皖苏区属于典型"从群众中产生党、政权、军队"的革命模式,群众基础好,普遍同情支持革命。红 28 军和地方党组织都特别重视发动群众工作,建立起军队"政治部—民运小组(或宣传队)—基层群众"和地方"党组织—便衣队—农民小组"等群众动员的组织链路。④ 但这两者并不是相互独立的,而是相互补充的,部队把基本群众动员起来后,具体的组织工作还需要当地的党组织和便衣队来做,而且本身许多地区的便衣队就是主力红军直接投放的。

红 28 军作为游击战争核心力量的存在,是群众敢于起来斗争的主心骨和依靠力量。红 28 军第 82 师成立政治部,对外称红 28 军政治部,其重要职责之一就是做宣传和发动群众的工作。其工作模式一般是,部队每到一地,除政治部人员外,各连派出民运小组或组织临时性的宣传队,由干部带领在驻地周围作社会调查;召开大会,揭露土豪劣绅的罪行,开仓分粮,救济贫苦人民,物

---

① 黄文治:《鄂豫皖苏区道路:一个民众动员的实践研究(1920—1932)》,上海师范大学博士学位论文,2011 年。

② 至于具体的动员方式和过程,本书第一章已有阐述,在此不赘述。

③ 《郑位三同志谈话记录(第六次)》,1959 年 4 月 29 日于汉口德明饭店,湖北档案馆:SZA—2998。

④ 参见王继凯:《鄂豫皖三年游击战争的历史经验》,载《红旗不倒大别山——鄂豫皖三年游击战争·红色岳西学术研讨会论文集》,中共岳西县委党史研究室 2011 年编印,第204 页。

色拥护红军的基本群众,组织秘密的农民小组,要求他们为我军送情报,掩护伤病员。① 比如1936年2月,林维先率加强连来到黄冈大崎山地区,在当地党组织的协助下,很快就把群众发动起来,建立了游击根据地,成为鄂豫皖边三年游击战争后期重要的游击区。林维先后来在《敌后三年》一书详细回忆了该游击区的建立过程,生动再现了红28军组织动员群众的基本模式,提供一个很好的样例。

首先在当地地下党组织的帮助和调查下,选择了一个叫孙林湾的村庄。之所以选择该村,主要是该村地处偏僻,一旦有突发情况容易转移;人口不多,只有二三十户人家,大都是贫农,住的都是破破烂烂的草房,容易引起情感共鸣,掌控局面;村中有一个倪炳成的大地主,高大的瓦房占据了小半个村庄,倪炳成自己当保长,兄弟五人敲诈勒索,无恶不作,群众是又恨又怕,这就提供了斗争对象。由于担心倪炳成闻风逃走,采取突然袭击的方法,半夜一到孙林湾,就将倪炳成等兄弟五人抓起来。第二天清晨,群众得知倪炳成被抓,又惊又喜。由于该地原属敌占区,群众对红军并不了解,还有担心被抓壮丁的警惕心理,不敢接近部队。这时,林维先成立临时的宣传小组,把一部分部队撤出去,分头挨家挨户进行宣传调查,一是让群众不用害怕红军,宣传红军是为穷人打天下的道理;二是调查倪炳成欺压群众的证据,找到遭受倪炳成残酷迫害的苦主,以便在群众大会上现身说法。

宣传调查清楚后,接下来最关键的就是召开群众大会。为了开好大会,林维先作了充分准备,先从营造氛围入手,首先选了一些能歌善唱的战士,在村中央搭起高台,敲响锣鼓,演戏唱歌。锣鼓一响,最先吸引的是小孩和老年人,于是战士们就同小孩逗玩,跟老人问寒问暖,村里的青年男子也开始解除戒备心理,慢慢围拢上来,最后胆小怕事的年轻妇女也来了。台上的最后压轴戏是

---

① 参见石裕田等:《坚持党对军队的领导——红二十八军的政治工作》,载中国人民解放军历史资料丛书编审委员会:《南方三年游击战争(鄂豫皖边游击区)》,解放军出版社1992年版,第96页。

齐唱《八评歌》,包括评富翁、评贪官等,最后是评贫穷,"贫农起来干革命,打倒军阀和劣绅,穷人翻身做主人"。这一齐唱就达到了高潮,引起了群众的共鸣,唱出了农民的心声。见此情景,指导员就开始以倪炳成作为实例,把农民引回到现实中,反问群众,地主为什么会富有,农民为什么会贫穷?从而引起农民的思考,并开始小声议论。趁此机会,红军又将倪家兄弟押上高台,群众胆子开始大了起来。这时,事先调查好的受到倪家兄弟迫害的群众走上高台进行控诉,许多有相同身世的群众感同身受,纷纷要求处决倪家兄弟。于是,顺应群众呼声,红军把倪家兄弟枪毙,并当场宣布把财产分给农民,把群众的情绪推向了高潮。孙林湾的革命之火燃烧后,附近村子的农民胆子也大起来,纷纷向红军控诉村里的恶霸,要求进行镇压。这样,当地群众很快就被发动起来了。①

群众的革命热情点燃后,还要进一步组织和武装起来。但是,由于红军主力部队的目标太大,容易引起国民党军队的注意,不能在一个地方待得太久。于是,主力红军通过加强当地党组织的力量或投入便衣队来做具体的组织和武装群众的工作。相对于主力红军公开热烈地发动群众,便衣队动员群众的工作就显得非常隐秘,一般从单庄独户开始,立稳脚跟后,再用亲连亲、邻连邻的办法,在群众中组建秘密的农民小组、妇女小组、青年小组。

岳西县鹞落坪附近农民郝光生有过一段加入农民小组情况的回忆,从中可窥见当时便衣队发动群众的模式。他说,有一天村里的聂在中老人让他去吴渭滨家里与红军接头,吴家座落在一个人迹罕至的山沟里,单门独户不易被发现。郝光生来了之后,与便衣二队的王子清队长见面。王队长讲了一通革命道理后,郝决定帮助便衣队做事。王队长当即让他再发展两个成员。郝光生就把他的大伯和表哥发展进来,第二天又与便衣队接头,但接头地点临时又换了一家,可见便衣队行事之谨慎。见面后王子清队长讲了一些革命形势,就

---

① 参见林维先:《敌后三年》,浙江人民出版社 1982 年版,第 181—188 页。

宣布这三个人成立一个农民小组,由郝光生任小组长,布置了三项任务:第一,继续运动可靠的人,壮大组织;第二,给红军办给养,送情报;第三,监视土豪劣绅。一个月后,农民小组发展到9个人。规定联系地点每三天换一次,组员只能与组长发生单线联系。后来,这个农民小组为红军游击队完成了很多任务,包括养护伤员、提供补给,甚至一度还建立了一个山洞军服厂,专门为游击队做便衣、布鞋等。①

事实上,鄂豫皖边三年游击战争动员群众的方式融合了中共早期动员模式的优长。由于红28军主力红军的存在,能够给群众以信心,很快打开局面,点燃革命情绪。同时地方党组织特别是便衣队的细密工作,能够把基本的革命群众组织和武装起来。组织起来的群众是红军游击队坚持斗争的可靠保障,他们经常冒着生命危险掩护红军伤员和便衣队员,涌现出许多令人动容、可歌可泣的故事。将军山便衣队安置伤病员在群众家中,碰到民团清乡查问时,媳妇即以"这是我的丈夫"来进行掩护。国民党军"清剿"前,群众白天把伤员背上山,藏在隐蔽的山洞里,以避开敌人的搜捕,晚上再背回家调养。红安三区便衣队在一户群众家中存放了100多支枪和一些银元,有一次3名便衣队员正在楼上休息,碰到两个叛徒带领民团来搜查,这家男主人外出刚回家,挺身上前让民团抓走,并用暗语告诉他妻子赶快叫便衣队员带上枪支和银元转移。一支国民党别动队看见便衣队进了光山县夏青区的一个村子,就是搜查不出来,原来是一位木匠将便衣队员藏在他家床边马桶下的一块石板盖着的地洞内,于是别动队逼问便衣队藏在哪里,群众宁死不屈,无论是大人小孩,什么都没有说,最后抓了村里20多人,当场杀死3人。有一次敌军在长岭岗搜山,贫农曾少山带着全家和红军伤员隐藏在山洞里,当敌兵在山上搜寻时,曾少山的孩子突然惊哭起来,为了掩护伤员,他毫不犹豫地掐死了自己的孩子。边区革命群众的全力支援,是鄂豫皖三年游击战争取得胜利的坚实基

---

① 参见郝光生:《农民小组》,载中共岳西县委党史资料征集小组编:《热血春秋——三年游击战争时期党史资料汇编》,中共岳西县委党史资料征集小组1985年编印,第191页。

础和可靠保证。①

　　需要指出的是,中共组织动员的基本群众,是以严格的阶级标准进行区分,主要指工人和农民,农民主要是贫农、雇农。通过灌输阶级意识、启发阶级觉悟是中共发动群众的主要途径,无论在抗日战争还是解放战争时期都是如此。客观而言,中共对于阶级成分的强调与坚持,会失去一些其他阶级阶层的支持,却可以造就一支具有高度阶级觉悟、坚定接受共产党领导的基干群众队伍。从近代中共革命的历程来看,中共历经各种内外劫难而始终屹立不倒的根本原因,也正是有这样一个始终支持共产党的阶级阶层力量的存在。反观国民党虽号称代表的全民利益,所谓"农民不论地主、自耕农或佃农,工人不论劳工与资方,均为本党所代表的对象"②,结果谁也不认可由国民党来代表自己利益,最后形成各派系林立、各自为阵的局面。

二、塑造"两面政权",争取一切可以 争取的力量

　　在近代中国革命过程中,农民阶级特别是贫雇农阶层坚定的支持是中共力量来源的基本面,是取得政权的基础力量。中共对于这一点始终坚定不移,但对于农村社会其他阶级阶层的政策策略,包括地主阶级中的开明绅士以及富农阶层,常常处于摇摆之中。在土地革命初期一度采取极左政策,持一概严厉打击的态度,由于富农标准不断降低,许多中农也被当成了富农,导致一些地区农民生产积极性下降,甚至还出现了大量的荒田。在鄂豫皖苏区,竟然出

---

　　① 参见林维先等:《坚持大别山斗争的红二十八军》,载中国人民解放军历史资料丛书编审委员会:《南方三年游击战争(鄂豫皖边游击区)》,解放军出版社1992年版,第92—93页。
　　② 中央组织部编印:《地方党务工作讨论会纪要》(1943年5月),第54页。转引自王奇生:《党员、党权与党争:1924—1949年中国国民党的组织形态》,社会科学文献出版社2010年版,第112页。

现"一切土地上的生产农民都不敢要,他们怕是富农,他们不愿多做工多做生产,他们遇着一劳动的农民就×大家说:'你想做富农吗?'因此,许多生产是荒芜了,木子[梓]无人收,山林无人禁,什么菜与麦地也很少的人种,农民都好像懒起来了"①。1932 年 4 月,在湘鄂西苏区的沔阳县"在春耕的运动上,还空着百分之七十的荒田"②。据 1934 年 3 月的统计,"在中央苏区,还有八十万担的荒田,单在公略一县,就有二十八万担,就是像博生那个的地方,也有八万余担荒田"③。从某种程度上讲,这种"左"的政策导致苏区民穷财尽,是红军不得不实行战略转移的重要原因。直到抗日战争时期,由于中日民族矛盾的激化,中共才实现了较为务实灵活的抗日民族统一战线政策,只要能为我所用,团结一切可以团结的人,争取生存发展空间的最大公约数,从而在抗战中党和武装力量都得到了极大的发展。

南方三年游击战争正处于两个阶段的中间,当时各游击区为了生存发展,都在探索如何巧妙利用"敌人之间的一切'裂痕',哪怕是最小的'裂痕'",来争取来自一切阶级阶层的支持,实际上已经开始自觉地改变过去那种的"左"的政策,实行更为务实的统一战线政策。这其中,鄂豫皖边游击区的红军游击队在国民党控制的基层政权中塑造为红军游击队服务的"两面政权"等更具有典型性和代表性。

红四方面军、红 25 军相继转移后,鄂豫皖边区的农村基层政权基本上为国民党所控制,其通过农村中的联保主任、保长等对群众进行严密监视控制,

---

① 《鄂豫皖特委曾中生给中央的报告——特区政治经济形势,反"围剿"斗争,苏维埃运动,土地、军事问题,党务、工运、农运、青运、兵运、财政等情况》(1931 年 2 月 10 日),载中国工农红军第四方面军战史编辑委员会:《中国工农红军第四方面军战史资料选编》(鄂豫皖时期·下),解放军出版社 1993 年版,第 51 页。

② 《中共湘鄂西省委关于解散沔阳县委、开除栩栩党籍的决议》(1932 年 6 月 23 日),载中国工农红军第二方面军战史编辑委员会:《中国工农红军第二方面军战史资料选编》(二),解放军出版社 1996 年版,第 361 页。

③ 亮平:《把春耕的战斗任务,提到每一劳苦群众的面前》,《斗争》第 49 期,1934 年 3 月 2 日。

这对红军游击队的行动造成了极大的困难,特别是红28军留在农民家里伤病员的救治、部队休整等,一旦让这些联保主任、保长等知晓后极其危险。但是,这些联保主任、保长等都是本地人,也害怕告密后红军会报复,危及自己及全家性命,处于一种两难境地,有时对红军的行动也睁一只眼、闭一只眼,对国民党地方当局敷衍应付。在黄安三区,保长甚至主动来找便衣队接头,表示愿意采取两面派的态度。在传统乡村,一般是保甲长和地主士绅共同治理。但是红军在镇压打击一些恶霸地主后,一些乡间地主也担心害怕丢掉性命,甚至主动找到便衣队,希望花钱买平安。比如1935年春,罗山县号称九里十八寨、守备森严的香炉寺被罗陂孝便衣队和鄂东北特务营攻下后,大大震动这一地区的地主。他们有的逃走了,有的托人同便衣队联系,保证以后不再做坏事,并按时纳粮。① 根据这些新情况,红28军和各地党组织开始改变过去对联保主任、保长们及地主单纯镇压,既要粮又要命的做法,主动塑造形成"两面政权"的态势,争取他们明里为国民党做事、暗里为红军游击队提供方便。

塑造形成"两面政权"并不容易,需要掌握高超的政策和策略方针,首先要注意甄别分化、区别对待,实行打击与争取相结合的方针。通过当地便衣队的调查,根据民愤大小、危害程度,对联保主任、保长和地主士绅们进行区分鉴别。对当地民愤最大的首恶分子进行坚决镇压,从而造成地主士绅们之间的分化,既能起到鼓舞发动群众,又能收到杀一儆百的效果。比如黄安县的地主豪绅跟着敌军还乡,住在碉堡里经常出来威胁群众,为非作歹,群众最痛恨的有两个。于是便衣队集合起来,在一天拂晓袭击了那两户地主,捉走8人,没收全部财产,分给外村的群众和红军家属,吓得还乡倒算的地主武装躲在据点里或跑回城市,不敢下乡作恶。② 河南省商城县东坊门村共有8户地主,其

---

① 参见林维先:《红旗永不倒》,载皖西革命斗争史编写组:《皖西革命回忆录》(第二次国内革命战争时期·下),黄山书社1984年版,第13页。

② 参见汪少川:《便衣武装星罗棋布显神威》,载中国人民解放军历史资料丛书编审委员会:《南方三年游击战争(鄂豫皖边游击区)》,解放军出版社1992年版,第262页。

中有两户按照便衣队的规定,交齐了应交的粮物后,便衣队发给他们一张"不打土豪"的条子,红军游击队进村后,对这两户地主果然是秋毫无犯,而对另外 6 户顽固不化的地主,则给以严厉的惩治,并没收其财产,分给贫苦农民。事情传开后,附近的许多地主纷纷托人找便衣队联系,认交钱粮,要条子。① 对一般罪行不大的联保主任、保长、地主士绅,则不采取打击的方针,而是向他们提出警告,只要他们暗地里为红军游击队提供帮助,不欺负群众,完成便衣队规定的任务,就给予保护。如在金家寨附近的桃树岭,有一位叫张传彬的保长,经过了解作恶不多,被定为可以争取成为"关系"的对象。赤城县委特务队拿出几块根元,找了张保长的一位贫农亲戚,由他出面,把这位保长请到家里吃酒。几杯过后,特务队手持短枪,突然出现在酒席筵前,要求其为红军办事,张保长一一答应,以后为革命政权办了一些事情。② 对那些迫不得已给国民党办事的联保主任、保长们,则晓以大义,主动争取过来。这样做的结果,使得部分联保主任、保长表面上为敌人效劳,实际上按便衣队的意图办事,成为了"两面政权"。便衣队控制了这些联保主任、保长,也就控制了他们所管辖的地区,这些地区实际成为了红军的游击根据地。③

　　"两面政权"形成后,如何维持好这个局面,也需要高超的政策执行能力。事实上,乡保人员暗地里为红军便衣队服务也承受了来自国民党上层政权和军队的压力,一旦暴露也会有牢狱之灾,甚至会以"通匪"之罪丢了性命,以及还要完成国民党当局的征税纳粮等任务,如果老百姓不配合,完不成任务也会遇到麻烦。这时,红军和便衣队就得要想办法为他们解决难题,一般是让他们

---

　　① 参见中共商城县委党史资料征编委员会编:《商城革命史》,河南人民出版社 1988 年版,第 190 页。

　　② 参见张国安:《三年游击战争时期的熊家河》,载中国人民解放军历史资料丛书编审委员会:《南方三年游击战争(鄂豫皖边游击区)》,解放军出版社 1992 年版,第 236—237 页。

　　③ 参见林维先:《红旗永不倒》,载皖西革命斗争史编写组:《皖西革命回忆录》(第二次国内革命战争时期·下),黄山书社 1984 年版,第 14 页。

把责任都推到红军身上,有时也故意给国民党留下一些线索。郑位三曾谈到:"红二十八军游击时,国民党的乡公所、区公所要粮、要米、要捐税,红二十八军找几个老实农民应付一下,多少缴一点,把一些人当两面派,遇到国民党来是'好百姓',红军走后就对他(按:国民党)说:'红军来过,我们要送信给你们,但红军不准',就应付过去了。"光老农民这么说,国民党一般不会相信,这时再安排"一些开明绅士到乡、区公所说话,说是红军做的事,不与老百姓相干"①,就应付过去了。灵山便衣队在黄家湾发展了一个叫黄宗正的保长,是个小地主,平时也还安分守己。一次,他唯一的小孩被土匪绑票绑去了。便衣队获讯后,配合鄂东北道委特务队夺回了他的孩子。黄保长感激不尽,后来真心实意为红军办了很多事。② 为使这些乡保人员取得国民党地方当局的信任,有时还有意地派一部分便衣队进入白军活动,并让乡保人员给国民党军送信,待国民党军来时,红军游击队装作溃败而去。国民党当局不但坚信不疑,有时还给这些乡保人员嘉奖。

红军还必须严格执行政策,讲信用,才能得到这些联保主任、保长、地主士绅的信任。但是由于游击战争的艰苦性和复杂性,有时容易出现简单化的倾向,这方面也是有过教训的。延安时期,一些红28军的同志在回忆便衣队的材料时就讲到几个事例,如在蕲春,红军开始开辟了一大块根据地,但有一次便衣队"住在一家富人家,他看到我们力量小,慢慢变了心,但尚未叛变时,我们就把他搞了,结果他们家里找不到人,问我们,我们说走了,他家不信,以后发现一只鞋子,他家里就不理我们了,老百姓就带了反共义勇队打我们,我们无法坚持,以后这块地区就放弃了"。还有光山一带"三月清剿"时,"特委曾下过一个决定,因为便衣队中有个从民团哗变过来的,以后又叛变了,于是

_____

① 《郑位三同志谈话记录(第六次)》,1959 年 4 月 29 日于汉口德明饭店,湖北档案馆:SZA—2998。

② 参见黄锦思:《灵山便衣队》,载中国人民解放军历史资料丛书编审委员会:《南方三年游击战争(鄂豫皖边游击区)》,解放军出版社 1992 年版,第 282 页。

特委来信要将民团哗变过来的都杀了,结果杀掉几个,这对富人影响很大,比如有个民团叛变过来的,他的一家人都给国民党杀了,这点可以证明他对便衣队的忠实,但以后也给杀了,结果很多富人都害怕我们"①。这也表明,实行统一政策必须掌握好正确的政策与策略,稍微处理不当,也会带来很多不利后果。

列宁曾指出:"要战胜更强大的敌人,就必须尽最大的努力,同时必须极仔细、极留心、极谨慎、极巧妙地一方面利用敌人之间的一切'裂痕',哪怕是最小的'裂痕',……另一方面要利用一切机会,哪怕是极小的机会,来获得大量的同盟者,尽管这些同盟者可能是暂时的、动摇的、不稳定的、不可靠的、有条件的"②。其实,对这些乡保人员、地主士绅来讲,主要还是出于保平安才为红军游击队做点事、出点钱。虽然这种联盟不是长久可靠的,但却为游击战争的坚持和发展提供了极大的便利。

一是可以在很大程度上解决主力红军的后勤补充问题。经过多年的战乱,鄂豫皖边区实际上已经到了民穷财尽的地步,许多贫苦农民自己都到饿死的边缘,更遑论为红军提供补充。郑位三曾回忆道:"我是随二十五军一起走的,这时群众已饿死了好多人,你们访问过天台山,当时我在那里亲眼看到几十个饿骨尸,有床上睡的饿骨尸,椅子上坐着的饿骨尸,还有井边打水的饿骨尸,苏区内饿死好人很多,有名的红军围攻七里坪,万多人的部队吃草、吃菜,群众送的麦谷子用菜一合,用水桶挑去给部队吃,像猪吃的一样。当时我在后方负主要责任,情况了解,那时伤病员有点苋菜吃,那就是大优待,比现在汉口吃大酒席还好,好人吃苋菜是不可能的,我们部队在黄麻地区,当黄金树叶子一长出来便吃了。有一次我在檀树岗一家老百姓家里住,他们没吃的,却把糠

---

　　①　《鄂豫皖边区便衣队的一些基本情况(1944 年 11 月 28 日)》,载中国人民解放军历史资料丛书编审委员会:《南方三年游击战争(鄂豫皖边游击区)》,解放军出版社 1992 年版,第74 页。

　　②　《列宁选集》(第四卷),人民出版社 2012 年版,第 180 页。

头磨得细细的,做成粑优待我,真不好吃!"因此,"群众没有供给的,群众饿饭,没有武装夺粮,自己力量小,环境不太平,没有条件生产"①。当时,手里有余粮的只有地主士绅和乡保人员,但是如果像过去一样"打粮",既要粮又要命,一次性"买卖",容易造成赤色恐怖,许多有钱人都跑到城里去,同时还会引起地主豪绅的激烈反抗。

"两面政权"形成后,把"打粮"改为"征粮","一年给我们十来担米,多少钱,多少鞋等,我写保障条子给你,从今以后不打你们,富人也愿意。很多富人与我们接头,这对穷人也有利益,富人收租收多少,也向便衣队来商量,怕穷人、苦人,便衣队就与他们确定,那个穷人收多少租,那个红军家属不收租,要多少米,多少钱,是根据你家庭情况决定的,米多就多要米,钱多就多要钱,东西放在你家里,暂且不拿,等到二十八军什么时候经过这里时,你给送去",②这就使得红军游击队就有相对固定的粮食来源,可谓"用轻便的法子养活了部队"③。一次灵山便衣队接到特委为红军筹粮过冬,并解决贫苦农民生活困难的指示后,为了加快筹粮,采用了新办法,将住户应交的租稻一半交地主,一半交红军。便衣队先找农民小组长去试试,把事先写好的字条交给农民蔡德新转交地主。字条上写着:"杨善请先生,我军需用大批粮食,今在你家佃户蔡德新名下征用你的租稻500斤,不得再向佃户索取,如若老老实实,我军保证你们安全,如若不老实,我军的政策,想来你是知道的。中国工农红军游击队。"过了几天,蔡德新高兴地对便衣队说:"成啦,这办法真管用。"便衣队就用这种办法很快搞到两万多斤粮食,除拿出一半分给穷苦群众,其余的全部打成米,保存着让红军来了吃。这样一来,农民有得吃,红军

① 《郑位三同志谈话记录(第六次)》,1959 年 4 月 29 日于汉口德明饭店,湖北档案馆:SZA—2998。

② 《鄂豫皖边区便衣队的一些基本情况(1944 年 11 月 28 日)》,载中国人民解放军历史资料丛书编审委员会:《南方三年游击战争(鄂豫皖边游击区)》,解放军出版社 1992 年版,第 73 页。

③ 《郑位三同志谈话记录(第六次)》,1959 年 4 月 29 日于汉口德明饭店,湖北档案馆:SZA—2998。

公粮也有了。① 便衣队还经常通过这些乡保长们购买布匹、油盐、医药、电池、肉食等生活用品。有时红军最急需的子弹也通过乡保去购买。高敬亭就曾让鹞落坪包家河的保长刘升堂帮助红军买子弹,不久他就送来了几箱子弹,并表示今后还为红军来买。被便衣队争取过来的凉亭联保主任兼团防头了汪咏潭,经常带着团丁冲上大岗岭,看似要与红军作战,实则是"送礼"来了,枪声一响,把东西一丢就跑了,"仅一九三六年的三月六日、七日、四月二日这三天,汪咏潭就送来服装一百套、子弹三十八排、钢枪十六枝、手榴弹二十五枚"②。

　　二是可以为红军伤病员的救治、掩护红军行动和便衣队的发展创造有利条件。1937 年,国民党大规模"清剿"时,由于商南县委掌握了西河桥、熊家河、桃树林等地的"两面政权",将女同志和小孩全部送到熊家河,有的还住在地主家的碉楼里,从而避免了损失。桃树林的张保长还把国民党军队的动态告诉了赤城县委,县委及时做了反"清剿"的准备。黄冈便衣队在总路咀附近的杜家湾争取了一名联保主任,他是富农、知识分子,有些正义感,经常做些为便衣队传递消息、为交通员开路条、收留队员等掩护便衣队的事情。黄安县陶家湖的联保主任在国民党"清剿"时还给黄安三区便衣队送过饭。蕲春县将军山的联保主任负责掩护过红军伤员。罗田县肖家坳的联保主任和"清剿"大队长甚至就是便衣队发展的秘密农会会员。黄梅县塔儿畈的联保主任每天都向便衣队报告国民党军的活动情况。有的联保主任,还直接将县政府的"剿匪命令"给便衣队看。舒城县南小亭,修了很多碉堡,便衣队与碉堡的每个士兵关系都搞得很好。③

　　① 　参见汪少川:《便衣武装星罗棋布显神威》,载中国人民解放军历史资料丛书编审委员会:《南方三年游击战争(鄂豫皖边游击区)》,解放军出版社 1992 年版,第 260 页。

　　② 　查瑞林等:《争取"地头蛇"》,载中共岳西县委党史资料征集小组编:《热血春秋——三年游击战争时期党史资料汇编》,中共岳西县委党史资料征集小组 1985 年编印,第 187 页。

　　③ 　参见林维先:《红旗永不倒》,载皖西革命斗争史编写组:《皖西革命回忆录》(第二次国内革命战争时期·下),黄山书社 1984 年版,第 14—15 页。

基层政权组织和地方武装历来是一个政权统治的基础。"两面政权"的形成,事实造成了国民党鄂豫皖边基层组织和武装的分化,从国民党统治中最薄弱也是最重要的环节打开了一个缺口。其实,国民党各"清剿"部队也认识到问题所在,第57军军长何柱国就发现:"举凡乡长、区长等,为民众组织之导师,亦民众团体之领袖,间有不能遵章守法热心职务,每逢军队进剿将到,即行隐藏或避他处不见,苟全私益,忘公违法,致使军队情况不明,徒劳往返。"①后来一些地方民团也被红军牵着鼻子走了,往往红军来了不开枪,等到红军走远了再乱打一阵枪,好去向白军虚报功劳领取弹药。② 国民党基层政权组织和地方武装的分化瓦解,为鄂豫皖边红军游击队的生存发展争取到了广阔的空间,不仅使得原有的基干群众力量更加巩固,同时也还尽可能争取到了一切可以争取利用的力量。虽然在鄂豫皖边敌我力量过于悬殊且处于相对封闭状态下,边区军民还不可能依靠这个政策真正掌握基层政权,但在抗日战争广阔的敌后战场发挥出了更加强大效能,让日军真正陷入了人民战争的"汪洋大海"。如果说抗战时期中共中央统一战线政策的转变更多地是基于民族矛盾激化的外来压力,那么鄂豫皖边区的"这个统一战线不是中央指示的,……是从实际斗争中摸出来的"③,更多地是出于对生存发展的内在需求,可以说是对这一政策的实际效果有着更为深刻的体认,表明鄂豫皖边军民不仅具有异常坚强的斗争韧性,还具有复杂斗争环境生存发展的灵活斗争艺术。

① 《国民党军第五十七军何柱国部与红军第二十八军在鄂豫皖边区作战详报》,载中国人民解放军历史资料丛书编审委员会:《南方三年游击战争(鄂豫皖边游击区)》,解放军出版社1992年版,第477页。

② 参见吴文桥:《高敬亭同志和红二十八军》,载方正刚等主编:《纪念高敬亭将军》,六安市新四军历史研究会编2004年,第16页。

③ 《郑位三同志谈话记录(第六次)》,1959年4月29日于汉口德明饭店,湖北档案馆:SZA—2998。

第八章　鄂豫皖边三年游击战争的基本经验

鄂豫皖边三年游击战争是鄂豫皖苏区革命斗争的继续,是南方三年游击战争的重要组成部分。三年中,党领导边区军民克服重重困难,坚持不屈不挠的斗争,发展群众性游击战争,经历初步展开、深入发展、战略转变等三个阶段,先后转战鄂豫皖三省45个县,挫败了国民党军多次"清剿",牵制国民党正规军最多时达68个团17万余人,有力支援配合了主力红军的战略转移和南方其他游击区的斗争,在异常艰难的环境中保证了大别山红旗不倒,培养造就了一支坚强过硬的革命武装力量,为中国革命在鄂豫皖边保留了战略支点,在中国革命史上占有重要的地位和作用,留下了许多值得总结提炼的宝贵经验。

一、坚持党的集中统一领导

鄂豫皖边三年游击斗争能够在极其艰苦的自然环境和极其严峻的敌我形势中坚持和生存下来,最根本的原因就在于这里从未中断过党的领导,各级党组织始终是坚持游击战争的领导核心。而且与原中央苏区的根据地后来大都变成相互隔离、各自领导的小块游击区不同,鄂豫皖边的党组织在三年游击战争时期基本实现了对整个游击区的集中统一领导。

1934 年 11 月 11 日,中共鄂豫皖省委在河南光山花山寨召开第 14 次常委会,决定红 25 军进行战略转移,会议同时授权由留下来的唯一的省委常委、皖西北道委书记高敬亭重新组织鄂豫皖边区党的领导机构。1935 年 2 月,高敬亭在太湖县凉亭坳组建红 28 军,亲自担任军政治委员。整个三年游击战争时期,高敬亭以中共鄂豫皖省委常委和红 28 军政委的双重身份统一领导了鄂豫皖边区的党政军工作。

党的领导不是抽象的,是通过各级党组织来实现的。高敬亭承担起领导鄂豫皖边游击战争的重任后,用很大的精力恢复和重建党的地方组织,直接领导了鄂东北道委、商南县委,皖西特委(后改为皖鄂特委)和黄冈中心县委等 4 个党组织,并通过这 4 个党组织再建立县区一级的党组织,或通过投放便衣队来代行党的基层组织功能,有些便衣队党支部与党的组织合为一体,从而建立起覆盖整个边区的党组织网络。

在与中共中央和上级都失去联系的情况下,党的组织和领导方式,特别是领导人的政治信仰、政策把握和决断能力,是游击战争能不能坚持和发展的关键。高敬亭是在长期的鄂豫皖边革命斗争中锻炼历练起来的本土干部,熟悉当地风土民情,具有丰富的革命经历,行事谨慎、决策果断、执行坚决。为加强对边区各地党组织的集中领导,高敬亭经常亲自率部或派人冲破国民党军的层层封锁线,往返于边区各地进行检查指导,统一思想认识、明确斗争方向和任务,以及通过边区各地党的秘密联系点、情报站和交通线,使被国民党军隔离的各地党组织加强了联络。同时,便衣队秘密行使党的基层组织职能,隐蔽于群众之中,扎根于斗争的最前沿,成为团结和带领群众开展革命斗争的核心。

掌握武装力量是实现党的领导的重要体现。高敬亭统一领导红 28 军、游击队和便衣队等边区武装力量,严格落实政治委员制,红 82 师及团营一级都设立政治委员,连一级设立政治指导员,建立政治工作制度,开展强有力的思想政治工作,加强军队党的支部建设,严格执行军队各项纪律,实行了党的领导根基、密切了党的群众基础,夯实党对军队的绝对领导。

二、建立红军、游击队、便衣队三结合的
　　武装队伍

早在 1931 年中央苏区通过的《苏维埃的武装政策》,就明确中国共产党实行红军、游击队、赤卫队三结合的武装力量体制。1934 年在主力红军相继离开各苏区、赤卫队等群众武装被严重破坏的情况下,鄂豫皖边游击区在坚持斗争中仍然建立了主力红军红 28 军、鄂东北独立团及各路游击师等地方游击队、便衣队三结合的武装力量体制,这是确保鄂豫皖边游击战争取得胜利的主体力量,也是鄂豫皖边游击区能够成为南方各游击区中保留武装力量最多的重要原因。

红 28 军是南方各游击区中唯一一个保持军级单位的主力红军。在鄂豫皖边根据地革命斗争史上,曾经三次组建红 28 军。1935 年 2 月 3 日,根据鄂豫皖省委的指示精神,红 28 军在太湖县凉亭坳第三次组建,由红 218 团和鄂东北独立团合编而成,下辖第 82 师和手枪团,第 82 师下设 244 团和特务营,在三年间基本保持了至少 4 个营 1000 余人的编制规模,成为坚持鄂豫皖边游击战争的主力军。

游击队主要分布在鄂东北和皖西北(皖鄂)两个区域。活跃在鄂东北的地方武装主要是鄂东北独立团及各路游击师,由于独立团多次补充给红 28 军,三年游击战争时期重组过四次,最多时有 300 余人,后整体编入新四军第 4 支队第 9 团。皖西北(皖鄂)的地方武装,主要包括第 246 团、各路游击师、游击大队、战斗营等,大都编入红 28 军。游击队在主力红军离开时,承担着保

护地方游击区安全作用的重任,同时作为主力红军的后备军,随时补充主力部队。

三年游击战争时期,基层政权主要为国民党地方当局所控制,赤卫队这种群众性武装力量基本不存在了。但是,鄂豫皖边区便衣队的产生,特别是后来的广泛发展,在一定程度上承担起这种群众性武装组织的角色。便衣队,也称武装便衣工作队,一般10人左右,基本上都是本地人,亦民亦兵,身着便衣,携带易于隐蔽的短枪、匕首等轻便武器,秘密分散活动,灵活机动打击敌人。便衣队隐于群众之中,建立农民小组,宣传、组织和武装群众,为游击队和主力红军输送兵员,提供情报及配合作战。

便衣队、游击队、主力红军依据编制规模、武器装备、军政训练等军事化水平的不同,呈现出逐级递进的结构形态,同时在兵员补充、后勤供给、作战协同等方面,形成了相互配合的武装力量体系。兵员补充的方式,一般由便衣队及发动的革命群众加入独立团、游击师、游击队等地方武装,地方武装经历战争锻炼后再加入红28军。红28军在整个游击战争期间经历了大小上百次战斗,每次战斗都有不同程度的伤亡,但红28军始终都保持了4个营左右规模的兵力,其兵力主要来自于游击队和便衣队及革命群众的补充。同时,红28军经常把一些骨干投入到群众基础较好的区域组成便衣队,宣传、组织和武装群众,并拔出枪支武装加以补充地方武装,以加强地方武装力量建设,从而实现三者之间的双向流动。在广阔的游击战场上,主力红军在多区域、大范围的游击作战牵制了国民党主力部队、直接打击震慑民团等地主武装,为各地游击队和便衣队的生存和发展提供有力支撑,而便衣队、游击队通过侧后袭敌扰敌、侦察敌情、传递情报、掩护伤员等各种方式支持配合主力红军作战,内线与外线相结合,形成了相互配合、协同作战的样态。

三、实行灵活机动的游击战争战略战术

游击战是鄂豫皖边三年游击战争的主要作战形式,这是由极其悬殊的敌强我弱的力量态势所决定的。制定符合战争实际、正确的战略战术原则,是取得游击胜利的关键。红 28 军重建后,经过数月的游击作战,从皖西到鄂东北,从山地到平原,与国民党第 25 路军、第 11 路军和东北军,以及地方保安团和地主武装等各路国民党军及地方部队都进行了交战,在运动中不断调动和疲惫敌人,打破了国民党军的两次"清剿"计划,熟悉了山势地形,掌握国民党军不同部队的作战特点,积累了较为丰富的作战经验。

1935 年 7 月,高敬亭在太湖县店前河会议召开会议,总结了前期游击斗争的基本经验,确立了"敌情不明不打、地形不利不打、伤亡过大不打、缴获不多不打"的"四不打"作战指导原则,提出了具体的作战形式和战术原则,如在作战形式上,以游击战为主,辅以必要的伏击战;在作战地区上,不仅在苏区打仗,而且能到苏区外围的游击区和敌占区或更远的地方去打仗;在战术手段上,每战集中比较优势的兵力,利用有利地形,或击其头,或断其尾,采取突然迅猛的手段,穿插分割围歼敌人。这些作战原则明确了作战的目标方向和基本原则,着力解决了在游击状态下如何实现"保存自己、消灭敌人"的战争核心问题。

在店前河会议之后两个月的作战中,红 28 军主力依托游击区,按照"四不打"作战指导,与各路国民党军均展开了有利条件下的战斗,部队得到了锻炼,装备也有了改善。但是,红军主力部队集中行军,目标太大,始终未能完全摆脱国民党的"追剿"部队,一直处于奔袭状态,也没有得到较好的休整。因此,1935 年 9 月,红 28 军在潜山县茅山召开会议,决定部队分散行动。为进一步扩大游击范围,1936 年 1 月,高敬亭在蕲春县三角山召开会议,决定插入敌后,到平原地区活动,从而调动敌人,减轻山区的压力。从茅山会议红28军分散作战,再到三角山会议后加强连下平原游击,红28军在这一时期积累了较为丰富的集中与分散相结合的游击作战经验。

1936年3月,红28军主力部队在太湖县柴家山会合,高敬亭主持召开营以上干部会,作出深入敌后开展游击战争、以营为单位分散游击和加强便衣队的建设等决定。柴家山会议是继店前河会议后对游击战争经验规律总结探索的又一次重要会议,它明确了游击战争要由集中向分散、从山地到平原、从内线到外线的发展方向,从而进一步拓展了游击战争的时域、空间、组织形式、力量配置等策略方法,为进一步推动了鄂豫皖边游击战争蓬勃深入的发展,打破国民党新的"清剿"计划作了较好的部署与准备。

此后,红28军与地方武装、便衣队相配合,深入敌后、出击外线、灵活机动,时而集中、时而分散,纵横山区与平原,连贯内线与外线,粉碎了国民党军的多次"清剿"计划,游击战争呈现出广泛性、群众性、普遍性的态势,呈现出陷敌于人民游击战争汪洋大海之势。

四、动员、组织和依靠人民群众

与中央苏区等主要依靠党领导的外来军队创立不同,鄂豫皖苏区的形成有自己的典型特点,走了一条由"从群众中产生党、政权、军队"的路径,因此这里的群众基础好,农民普遍同情支持革命。鄂豫皖苏区创建者之一的戴季英曾指出,"黄麻起义最大的特点,是没有任何正规军队参加,参加者都是农民,叫做'揭竿而起'"[1]。徐向前曾说过,全国的老根据地他都走过,但是群众最好的要算鄂豫皖,几十年一直坚持斗争。[2] 但是,群众要参加革命,是需

---

[1] 戴季英:《黄麻起义前后》,《艰苦的历程:中国工农红军第四方面军革命回忆录选辑》(上),人民出版社1984年版,第61页。

[2] 参见《郑位三同志谈话记录(第一次)》,1958年11月23日,湖北省档案馆,SZA—2993。

要党进行艰苦的启发和组织动员工作。

红28军和地方党组织都特别重视发动群众工作,建立起军队"政治部—民运小组(或宣传队)—基层群众"和地方"党组织—便衣队—农民小组"等群众发动的组织链路。① 但这两者并不是相互独立,而是相互补充的,部队把基本群众动员起来后,具体的组织工作还需要当地的党组织和便衣队来做,许多地区的便衣队甚至直接就是主力红军投放的。

红28军作为游击战争核心力量的存在,是群众敢于起来斗争的主心骨和依靠力量。红28军第82师成立政治部,对外称红28军政治部,其重要职责之一就是做宣传和发动群众的工作。其工作模式一般是,部队每到一地,组织民运小组或临时宣传队,先进行社会调查,找出群众痛恨的首恶分子,物色基本群众,然后召开大会,由基本群众进行控诉,再宣布土豪劣绅的罪行,开仓分粮,救济贫苦人民,从而点燃群众的革命热情。

由于红军主力部队的目标太大,容易引起国民党军队的注意,不能在一个地方待得太久。群众热情点燃后,主力红军通过加强当地党组织的力量或投入便衣队来做具体的组织和武装群众的工作。相对于主力红军公开热烈地发动群众,便衣队动员群众的工作就显得非常隐秘,一般从单庄独户开始,立稳足后,再用亲连亲、邻连邻,在群众中组建秘密的农民小组、妇女小组、青年小组。

鄂豫皖边三年游击战争动员群众的方式融合了中国共产党早期动员模式的优长。由于红28军主力红军的存在,能够给群众以信心,很快打开局面,点燃革命情绪。同时地方党组织特别是便衣队的细密工作,能够把基本的革命群众组织和武装起来。组织起来的群众是红军游击队坚持斗争的可靠保障,他们经常冒着生命危险掩护红军伤员和便衣队员,涌现出许多令人动容、可歌

---

① 参见王继凯:《鄂豫皖三年游击战争的历史经验》,载《红旗不倒大别山——鄂豫皖三年游击战争·红色岳西学术研讨会论文集》,中共岳西县委党史研究室 2011 年编印,第204 页。

可泣的故事。边区革命群众的全力支援,是鄂豫皖三年游击战争取得胜利的坚实基础和可靠保证。

五、争取一切可以争取的力量

鄂豫皖苏区重要开创者郑位三在分析鄂豫皖边三年游击战争取得很大成绩的经验时,就特别提到,对敌斗争有坚强的精神,在做法上又很"巧妙"。所谓"巧妙",就是鄂豫皖边区军民在没有上级指示的情况下,克服"左"的错误,利用"敌人之间的一切'裂痕',哪怕是最小的'裂痕'",争取包括保甲长和地主士绅等在内的一切可以争取的力量,在国民党控制区塑造形成了为我所用的"两面政权"。

红四方面军、红25军相继转移后,鄂豫皖边区的农村基层政权基本上为国民党所控制,其通过农村中的联保主任、保长等对群众进行严密监视控制,这对红军游击队的行动造成了极大的困难。但是,这些联保主任、保长等都是本地人,也害怕告密后红军会报复,危及自己及全家性命,有时对红军的行动也睁一只眼、闭一只眼,对国民党地方当局敷衍应付。根据这些新情况,红28军和各地党组织开始改变过去对联保主任和保长们及地主单纯镇压的方式,采取区别对待、甄别分化,实行打击与争取相结合的方针,主动塑造形成"两面政权"的态势,争取他们明里为国民党做事,暗里为红军游击队提供方便,把"打粮"改为"征粮",使红军游击队就有相对固定的粮食来源,可谓"用轻便的法子养活了部队"①。便衣队还经常通过这些乡保长们购买布匹、油盐、医药、电池、肉食等红军急需物资用品。同时也为红军伤病员的救治、掩护红军行动和便衣队的发展创造有利条件。

"两面政权"的形成,事实上造成了国民党鄂豫皖边基层政权的分化瓦

---

① 《郑位三同志谈话记录(第六次)》,1959 年 4 月 29 日于汉口德明饭店,湖北档案馆:SZA—2998。

解,从国民党统治中最薄弱也是最重要的环节打开了一个缺口,为鄂豫皖边红军游击队和便衣队的生存发展争取了广阔的空间。这些政策举措也为后来的抗日战争时期中国共产党的统一战线方针提供了有益的经验。

六、坚守革命理想

鄂豫皖边革命之所以能够坚持 28 年红旗不倒,一个重要原因就是始终有一种强大的革命精神力量支撑,不断激励着边区军民为反抗剥削、反抗压迫,争取民族独立、人民解放而不懈奋斗。习近平同志曾于 2010 年、2016 年、2019 年先后到鄂豫皖边革命的中心区域湖北红安、安徽金寨、河南新县等三地调研考察,每次他都提到了要继承发扬这种革命精神,并且把这种精神概括为"大别山精神"。他强调指出:"焦裕禄精神、红旗渠精神、大别山精神等都是我们党的宝贵精神财富。"2021 年 9 月 29 日,在党中央公布的第一批中国共产党人精神谱系的伟大精神中就包括大别山精神。

虽然与大别山 28 年革命斗争其他各个时期相比,鄂豫皖边三年游击战争持续时间较短、革命力量较弱、斗争规模较小,但这一时期边区军民所面临的革命环境之艰难、敌我力量之悬殊、斗争形势之险恶,却是其他时期很难比拟的。越是艰险困苦,对人的意志品质考验越高,对革命精神力量的彰显也越充分。从这个意义上讲,鄂豫皖边三年游击战争不仅仅是大别山精神形成过程中不可或缺的一个重要阶段,更是这种革命精神展现得非常充分、彻底的一个重要时期。

从价值立场来看,边区军民始终抱着紧跟党走、革命必定成功的信仰信念。习近平总书记指出:"对马克思主义的信仰,对社会主义和共产主义的信念,是共产党人的政治灵魂,是共产党人经受住任何考验的精神支柱。"①三年

---

① 《习近平谈治国理政》,外文出版社 2014 年版,第 15 页。

游击战争时期是大别山革命史上最为困难的一段时期,这种困难一方面体现在革命环境异常凶险、生活条件极其恶劣,在红25军长征后,国民党为了彻底消灭鄂豫皖边革命力量,部署了50多个正规团和10多个保安团及地方反动民团进行梳篦式"清剿",提出"有民就有匪,民尽匪尽,鸡犬不留"的口号,见人就杀,见东西就抢,见房子就烧,到处移民并村、"户籍连坐"、经济封锁,把根据地搞得土地荒芜,废墟遍地,红军游击队只能住山洞,吃野菜,风餐露宿,漂浮不定;这种困难还体现在,整个三年游击战争期间,与党中央和上级党组织都失去了联系,对于还要不要革命、革命朝何处去、革命的政策策略如何把握等根本性原则性方向性问题无法得到有力的指导,这对于革命者来讲是一种更为严峻的考验。在危急关头,鄂豫皖边区的党组织没有被困难吓倒,高敬亭曾坚定地认为:"情况是严重的,但只要我们坚持斗争,我们一定能够取得胜利。"尽管与上级党组织失去联系,也没有现成的经验借鉴,边区党组织凭着对革命理想的坚守、对党的事业的无比忠诚,团结带领边区军民,建立武装队伍,整顿党的组织,探索游击战争战略战术,灵活机动歼敌,把握形势任务变化,主动向民族抗日救国转变等,面对艰苦的生活条件,边区军民始终相信困难是暂时的,前途是光明的,"钻山沟住草棚、敌人枪炮声伴奏,吃野菜喝凉水、革命决心不动摇",始终保持着革命的乐观主义精神。正是靠这种"只要跟党走,一定能胜利"的必胜信念,边区军民克服重重困难,在异常艰苦的环境中确保了红旗在大别山始终高高飘扬。

从使命担当来看,边区军民敢于担当、勇挑党和人民赋予的革命重担。中国共产党一经成立,就义无反顾肩负起实现中华民族伟大复兴的历史使命。要实现伟大复兴,首先就要实现民族独立、人民解放,毛泽东同志指出:"实现中国的独立自由是一个伟大的任务",需要无数革命者主动担责不懈奋斗才能完成。大别山区横垮鄂豫皖三省,位长江、淮河之间,处传统南北分界线之中心,平汉线从其西侧纵贯,瞰制武汉、信阳、安庆、合肥等重要城市,进可威胁南京、上海,动摇东南之根本,战略地位十分重要。从这个角度而言,只要保持大别山区革命力量的存在,就是对敌人的重大威胁,就是对中国革命的重大贡献,这也是党和人民赋予鄂豫皖边革命斗争的重要使命。建党初期,来自大别山区的董必武、陈潭秋等成为中国第一批接受马克思主义的革命者,是鄂豫皖边区最早的革命播火种,大革命失败后,鄂豫皖边区相继发动黄麻起义、商南起义、六霍起义等武装起义,建立了全国第二大革命根据地鄂豫皖苏区,建立红军三大主力之一的红四方面军;抗日战争时期,大别山区又成为新四军打击日军的前进基地和新四军第 4 支队、第 5 师的力量来源;解放战争时期,"中原突围"拉开了中国人民解放战争的序幕,刘邓大军千里跃进大别山实现了解放战争的伟大转折,把鄂豫皖边区人民的革命斗争推向了高潮。在新民主主义革命的各个时期,鄂豫皖边区都为革命胜利起了举足轻重的作用。三年游击战争时期在其中起了一个重要的承上启下作用,一方面牵制了 10 多万的国民党军,策应了红 25 军的战略转移,配合了南方各省红军的斗争;另一方面保存了一支主力红军,成为新四军的重要力量,是南方抗日的战略支点和解放战争的战略基地。1937 年 12 月 13 日,中共中央政治局作出决议,充分肯定南方各游击区在"在极艰苦的条件下,长期坚持了英勇的游击战争,基本上正确的执行了党的路线,完成了党所给予他们的任务,以致能够保存各游击区在今天成为中国人民反日抗战的主要支点,使各游击队成为今天最好的抗日军队之一部"①。作为牵制敌人最多、游击区域最广、保存力量最大的游击区,鄂豫皖边区党的各级组织和广大军民以舍我其谁、为党挑重担的政治意识、大局意识胜利完成这一重要历史使命。

从宗旨本色来看,边区各级党组织和革命武装深深扎根在人民之中,始终依靠人民打胜仗。习近平总书记指出,我们党能够在那么弱小的情况下发展壮大起来,能够在千难万险中一次次浴火重生,根本原因就在于我们党始终牢记初心使命,忠实践行全心全意为人民服务的根本宗旨,从而赢得了人民衷心

---

① 《中共中央政治局关于南方游击区工作的决议》(1937 年 12 月 13 日),载《中国抗日战争军事史料丛书》编审委员会编:《新四军·文献(1)》,解放军出版社 2015 年版,第 63 页。

拥护和支持。鄂豫皖边区的革命之火始终延绵不息,总是能够在绝境中走出一条生路,就在于始终得到了边区民众的广泛支持。早在大革命时期,这里的民众就受到了大革命的洗礼,当时鄂东北各县普遍建立农民协会农协,会员就达 30 多万人。① 从那时起,鄂豫皖边"大部份农民群众认为党是他们自己的",一般群众也有"共家的朋友是好的"②的观念。徐向前曾说过,全国的老根据地他都走过,但是群众基础最好的要算鄂豫皖,几十年一直坚持斗争。③特别是在三年游击战争时期,人民群众的生活已经是非常困难了,时时还处在反动武装的保甲连坐的威胁之下,但他们仍然义无反顾地支持边区党和革命武装的斗争。当时群众中流行这样的歌谣:"红军都是英雄汉,白匪再多干瞪眼,总有一日天要红,人民定要坐江山""我是苏维埃人,你杀了我全家,我还要革命"。人民群众经常冒着生命危险掩护红军伤员和便衣队员,他们宁肯自己挨饿,也要设法让伤员吃好吃饱,仅黄冈地区人民,3 年就先后收养了 200余名红军伤病员。他们还送自己的子弟踊跃参军,三年游击战争期间参加红28 军和地方部队的群众有 2000 多人。人民群众还在便衣队的领导下,组织成立了秘密农民小组,为红军当向导、送情报、站岗放哨。红军为人民牺牲打仗,人民是军队强大的力量源泉。鄂豫皖三年游击战争的胜利,是广大边区军民以万众一心、无坚不摧的磅礴力量共同谱写的胜利凯歌。

从意志品质来看,边区军民不怕牺牲、坚韧顽强,不达目的决不罢休。"智勇坚定、排难创新、团结奋斗、不胜不休",是从鄂豫皖边区走出来的红四方面军的"训词",其中"不胜不休"形象生动地概括了边区军民那种敢于斗

① 参见《鄂东地区的农民运动》,载中国工农红军第四方面军战史编辑委员会:《中国工农红军第四方面军战史资料选编》(鄂豫皖时期·上),解放军出版社 1993 年版,第 385 页。

② 《鄂东北特委何玉琳给中央的报告——黄麻地区政治、经济、军事状况,组织、宣传、工运、农运工作情况及今后意见(一九二九年五月七日)》,载中国工农红军第四方面军战史编辑委员会:《中国工农红军第四方面军战史资料选编》(鄂豫皖时期·上),解放军出版社 1993 年版,第 241 页。

③ 参见《郑位三同志谈话记录(第一次)》,1958 年 11 月 23 日,湖北省档案馆,SZA—2993。

争、敢于胜利的革命精神。徐向前后来用"狠、硬、快、猛、活"五个字来概括红四方面军的战斗作风,认为这是"它能压倒一切敌人和困难而不被敌人和困难所屈服的重要原因之一"。① 也正是这种精神使得这片红土地上走出了一支支令敌闻风丧胆的英雄部队,涌现出一大批能征善战、敢打硬战的将军,解放战争时期最初成立的 50 多个军中,有近一半的军长来自从这里走出的部队,全国十大将军县中,鄂豫皖边占了 5 个。三年游击战争时期,在主力部队红四方面军、红 25 军相继战略转移后,鄂豫皖边区军民没有被吓倒,被征服,被杀绝,他们从地上爬起来,揩干净身上的血迹,掩埋好同伴的尸首,重建红28 军又继续战斗了。他们敢打硬仗、知难而进、坚韧向前,以不过 3000 人的武装力量,转战鄂豫皖 3 省 45 个县,牵制国民党正规军最多时达 17 万人,与敌军发生大小战斗数百次,歼敌 18 个营、15 个连和大量的地方小股敌军。在与数十倍的敌军浴血奋战中,数以千计的革命同志献出了宝贵的生命,仅部队营以上、地方县以上牺牲的同志就达到 40 余人②,他们为中国革命作出的牺牲奉献,值得我们永远学习铭记。

---

① 徐向前:《历史的回顾》,解放军出版社 1984 年版,第 233 页。

② 参见中国工农红军第二十八军战史编委会:《中国工农红军第二十八军坚持鄂豫皖边区三年游击战争史》(初稿),内部,1982 年 12 月,第 189 页。

主要参考文献

一、档案资料汇编、选编

中国人民解放军政治学院党史教研室编:《中共党史参考资料》,内部资料1979年。

河南省地方党史编纂领导小组办公室,河南省档案馆、河南省中共党史学会编:《鄂豫皖苏区革命斗争史资料汇编》,内部资料1981年。

中国工农红军第二十八军战史编辑委员会:《中国工农红军第二十八军坚持鄂豫皖边区三年游击战争史资料选编》,内部资料1982年。

江西省档案馆、中共江西省委党校党史教研室编:《中央革命根据地史料选编》,江西人民出版社1982年版。

《鄂豫皖革命历史文件汇集》《湖北革命历史文件汇集》《河南革命历史文件汇集》《安徽革命历史文件汇集》,中央档案馆与各地档案馆合编,1982—1988年编印,内部发行资料。

中国社会科学院近代史研究所中华民国史研究室编:《中华民国史资料丛稿·大事记》,中华书局1985年版。

井冈山革命根据地党史资料征集编研协作小组、井冈山革命博物馆编:《井冈山革命根据地》,中共党史资料出版社1987年版。

《鄂豫皖革命根据地》编委会:《鄂豫皖革命根据地》,河南人民出版社1989年版。

中央档案馆编:《中共中央文件选集》,中共中央党校出版社1989年版。

中国人民解放军历史资料丛书编审委员会:《南方三年游击战争》(共14册),解放军出版社1991—1995年版。

中国工农红军第四方面军战史编辑委员会:《中国工农红军第四方面军战史资料选编》,解放军出版社1993年版。

张奇秀主编:《中国人民解放军后勤史资料选编》,金盾出版社1993年版。

中国第二历史档案馆编:《中华民国史档案资料汇编》第五辑第一编军事,凤凰出版社(原江苏古籍出版社)1994年版。

中国人民解放军总政治部组织部:《中国人民解放军组织史资料》,长征出版社1994年版。

中国工农红军第二方面军战史编辑委员会:《中国工农红军第二方面军战史资料选编》,解放军出版社1996年版。

中国人民解放军历史资料丛书编审委员会:《中国人民解放军组织沿革(大事记)》、《中国人民解放军组织沿革(单位沿革)》、《土地革命战争时期各地武装起义》(湖北地区、安徽地区)、《新四军·文献》,解放军出版社1996—2007年。

中共中央组织部、中共中央党史研究室、中央档案馆:《中国共产党组织史资料》,中共党史出版社2000年版。

中共中央党史研究室第一研究部译:《联共(布)、共产国际与中国苏维埃运动(1927—1931)》,中央文献出版社2002年版。

中国人民解放军总政治部组织部办公厅编:《中国人民解放军政治工作历史资料选编》,解放军出版社2004年版。

中共中央党史研究室第一研究部译:《联共(布)、共产国际与中国苏维埃运动(1931—1937)》,中共党史出版社2007年版。

郑位三谈话录,湖北省档案馆藏,SZA:2993—2998,GB—83。

南方老根据地访问记,湖北省档案馆藏,E—71。

访问徐部长谈话记录,麻城市党史办藏,C4—02—12。

徐向前同志谈话记录,麻城市党史办藏,C4—02—11。

调访戴季英同志记录,麻城市党史办藏,C4—02—06。

湖北省档案馆敌伪档案全字号1案卷号3188。

二、文选、文集、年谱、回忆录

中国青年出版社编:《红旗飘飘(1—32)》,中国青年出版社1957—1993年。

何耀榜:《大别山上红旗飘——回忆鄂豫皖三年游击战争》,中国青年出版社1959年版。

人民出版社编辑部编:《革命回忆录文丛(1—20)》,人民出版社1980—1987年。

林维先:《敌后三年》,浙江人民出版社1982年版。

徐海东:《生平自述》,三联书店1982年版。

《朱德选集》,人民出版社1983年版。

许世友:《我在红军十年》,解放军出版社1983年版。

徐向前:《历史的回顾》,解放军出版社1984年版。

《皖西革命回忆录》(第二次国内革命战争时期),黄山书社1984年版。

中共岳西县委党史资料征集小组编:《热血春秋——三年游击战争时期党史资料汇编》,中共岳西县委党史资料征集小组1985年编印。

《程子华回忆录》,解放军出版社1987年版。

陈再道:《陈再道回忆录》,解放军出版社1988年版。

《周恩来年谱(1898—1949)》,中央文献出版社1989年版。

《毛泽东选集》第一卷、第二卷,人民出版社1991年版。

王宏坤:《我的红军生涯》,人民出版社1991年版。

《徐向前军事文选》,解放军出版社1993年版。

肖克:《朱毛红军侧记》,中共中央党校出版社1993年版。

李一氓:《李一氓回忆录》,人民出版社1993年版。

《毛泽东军事文集》,军事科学出版社、中央文献出版社1993年版。

《"围剿"边区革命根据地亲历记——原国民党将领回忆》,中国文史出版社1996年版。

秦基伟:《秦基伟回忆录》,解放军出版社1996年版。

《杨伯涛回忆录》,中国文史出版社1996年版。

《朱德军事文选》,解放军出版社1997年版。

张国焘:《我的回忆》,东方出版社1998年版。

洪学智:《洪学智回忆录》,解放军出版社2002年版。

《朱德自述》,解放军文艺出版社2003年版。

刘华清:《刘华清回忆录》,解放军出版社2004年版。

陈锡联:《陈锡联回忆录》,解放军出版社2004年版。

方正刚等主编:《纪念高敬亭将军》,六安市新四军历史研究会2004年编印。

汪江淮主编:《雄师壮歌》,解放军出版社2005年版。

《朱德传》,中央文献出版社2006年版。

滕代远:《中国新军队》,解放军出版社2008年版。

三、著作、论文

文公直:《最近三十年中国军事史》,上海太平洋书店 1930 年版。

雷海宗:《中国文化与中国的兵》,商务印书馆 1940 年版。

台湾国民党史政局:《剿匪战史》,中华大典编印会 1967 年版。

[加]陈志让:《军绅政权:近代中国的军阀时期》,生活·读书·新知三联出版社 1980 年版。

中国工农红军第红二十八军战史编辑委员会:《中国工农红军第二十八军坚持鄂豫皖边区三年游击战争史》(初稿),内部 1982 年。

鄂豫皖苏区史编写组:《鄂豫皖苏区历史简编》,湖北人民出版社 1983 年版。

谭克绳等:《论革命知识分子在创建鄂豫皖苏区中的历史作用》,《华中师院学报》1983 年第 6 期。

中共河南省委党史资料征集编纂委员会:《新县革命史》,河南人民出版社 1985 年版。

谭克绳、欧阳植梁主编:《鄂豫皖革命根据地斗争史》,解放军出版社 1987 年版。

郭家齐主编:《红安县革命史》,武汉大学出版社 1987 年版。

王雅红:《鄂豫皖苏区便衣队性质述论》,《江汉论坛》1987 年第 5 期。

中共商城县委党史资料征编委员会编:《商城革命史》,河南人民出版社 1988 年版。

第四方面军战史编辑委员会:《中国工农红军第四方面军战史》,解放军出版社 1989 年版。

谭克绳等主编:《鄂豫皖革命根据地财政经济史》,华中师范大学出版社 1989 年版。

中国工农红军第二十五军战史编审委员会:《中国工农红军第二十五军战史》,解放军出版社 1990 年版。

[美]孔飞力:《中华帝国晚期的叛乱及其敌人:1796—1864 年的军事化与社会结构》,中国社会科学出版社 1990 年版。

徐庆儒主编:《中国人民解放军革命战争后勤史简编》,金盾出版社 1990 年版。

吴学海主编:《中国人民解放军后勤史》,金盾出版社 1992 年版。

费孝通:《乡土中国与乡土重建》,风云时代出版公司印行 1993 年版。

吕芳上:《从学生运动到运动学生》,中央研究院近代史研究所 1994 年版。

何友良:《中国苏维埃区域社会变动史》,当代中国出版社 1996 年版。

阎景堂主编:《南方三年游击战争史》、《南方三年游击战争纪事》、《南方三年游击战争人物谱》,解放军出版社 1997 年版。

中共安徽省委党史研究室、中共河南省委党史研究室编:《鄂豫皖革命根据地史》,安徽人民出版社 1998 年版。

陈永发:《中国共产革命七十年》,联经出版事业公司 1998 年版。

熊志勇:《从边缘走向中心:晚清社会变迁中的军人集团》,天津人民出版社 1998 年版。

宋池涛:《论便衣队在鄂豫皖三年游击战争中的地位》,《安徽史学》1998 年第 4 期。

罗志田:《乱世潜流:民族主义与民国政治》,上海古籍出版社 2001 年版。

张鸣:《乡村社会权力和文化结构的变迁》,广西人民出版社 2001 年版。

中共党史研究室:《中国共产党历史(1921—1949)》,中共党史出版社 2002 年版。

[美]邹谠:《中国革命再阐释》,牛津出版社 2002 年版。

[美]费正清:《中国:传统与变迁》,世界知识出版社 2002 年版。

陈耀煌:《共产党·地方精英·农民——鄂豫皖苏区的共产革命(1922—1932)》,国立政治大学历史学系 2002 年版。

王奇生:《党员、党权、党争:1924—1949 年中国国民党的组织形态》,上海书店出版社 2003 年;《革命与反革命——社会文化视野下的民国政治》,社会科学文献出版社 2010 年版。

军事科学院军事历史研究所编著:《中国人民解放军的八十年》,军事科学出版社 2007 年版。

王传代主编:《红二十八军在岳西——鄂豫皖三年游击战争》,中央文献出版社 2008 年版。

李良明、田子渝、曾成贵主编:《湖北新民主主义革命史》,华中师范大学出版社 2008 年版。

《中国人民解放军军史》编写组编:《中国人民解放军军史》第 1 卷,军事科学出版社 2011 年版。

黄道炫:《张力与限界:中央苏区的革命(1933~1934)》,社会科学文献出版社 2011 年版。

汪海江、张绘武:《中国工农红军第 28 军的由来和发展》,《军事历史》2011 年第 3 期。

邱捷:《近代中国民间武器》,社会科学文献出版社 2012 年版。

［美］罗威廉:《红雨——一个中国县域七个世纪的暴力史》,中国人民大学出版社2014年版。

张静如:《以社会史为基础深化党史研究》,《历史研究》1991年第1期。

《纪念南方三年游击战争胜利五十周年——叶飞同志的讲话》,《福建党史月刊》1998年第1期。

茅海建等:《50年来的中国近代军事史研究》,《近代史研究》1999年第5期。

罗志田:《近代中国社会权势的转移:知识分子的边缘化与边缘知识分子的兴起》,《开放时代》1999年第4期;《新文化运动到北伐的文化与政治》,《社会科学研究》2006年第4期。

金冲及:《中国共产党在革命时期三次"左"倾错误的比较研究》,《党的文献》2000年第2、3期。

王续添:《现代中国地方主义的政治解读》,《史学月刊》2002年第6期。

陈德军:《乡村社会中的革命——以赣东北根据地为研究中心 1924—1934》,复旦大学博士学位论文,2003年。

黄琨:《从暴动到乡村割据——中共革命根据地是怎样建立起来的（1927—1929）》,复旦大学博士学位论文,2004年。

何友良:《关于会通民国史深化苏区史研究的思考》,《江西社会科学》2005年第5期。

王建强:《红军由党代表制度到政治委员制度的变化》,《中共党史研究》2005年第6期。

杨会清:《中国苏维埃运动中的动员模式研究（1927—1937）》,浙江大学博士学位论文2006年。

何友良:《革命源起农村革命中的早期领导群体》,《江西社会科学》2007年第3期。

杨利文:《北伐前后国民革命军的党代表制》,《民国档案》2007年第1期。

屈莉:《我军实行政治委员制度的历程回眸》,《军事历史研究》2007年第2期。

宗成康:《关于红军连队党支部的几个问题》,《军事历史研究》2009年第4期;红军政委制探析》,《中共党史研究》2010年第8期。

李金铮:《向"新革命史"转型:中共革命史研究方法的反思与突破》,《中共党史研究》2010年第1期;《农民何以支持与参加中共革命?》,《中共党史研究》2012年第11期;《"新革命史":由来、理念及实践》,《江海学刊》2018年第2期;《关于"新革命史"概念的再辨析》,《中共党史研究》2019年第4期。

黄文治：《观念变动与新革命史研究价值取向》，《开放时代》2010 年第 8 期。

黄文治：《鄂豫皖苏区道路：一个民众动员的实践研究（1920—1932）》，上海师范大学博士学位论文，2011 年。

《红旗不倒大别山——鄂豫皖三年游击战争·红色岳西学术研讨会论文集》，中共岳西县委党史研究室 2011 年编印。

辛向阳：《论鄂豫皖边区三年游击战争中便衣队的历史贡献》，《黄冈职业技术学院学报》2011 年第 6 期。

黄道炫：《改革开放以来的中国革命史研究及其趋向》，《史学月刊》2012 年第 3 期。

张永：《鄂豫皖苏区肃反问题新探》，《近代史研究》2012 年第 4 期。

徐占权：《论高敬亭在鄂豫皖边三年游击战争中的重要贡献》，《军事历史研究》2012 年第 4 期。

王奇生：《高山滚石：20 世纪中国革命的连续和递进》，《华中师范大学学报》2013 年第 5 期。

沈谦芳等：《试论鄂豫皖边游击区的战略支点作用》，《中州学刊》2013 年第 6 期。

邹荣：《鄂豫皖苏区文化动员与意识形态建构（1920—1937）》，武汉大学博士学位论文，2013 年。

龙心刚：《苏区军事化结构与运行机制研究（1927—1937）》，华中师范大学博士学位论文，2014 年。

卢毅：《大革命时期中共"忽视军事"说辨析》，《中共党史研究》2014 年第 11 期。

应星：《"把革命带回来"：社会学新视野的拓展》，《社会》2016 年第 4 期

胡遵远、张应松：《红军"特种部队"——手枪团》，《档案天地》2017 年第 6 期。

姜廷玉：《南方三年游击战争的历史地位与重要贡献》，《军事历史》2018 年第 3 期。

王亚玲：《鄂豫皖三年游击战争的战略地位与贡献》，《军事历史》2019 年第 2 期。

翟清华：《鄂豫皖边三年游击战争的历史经验》，《军事历史》2019 年第 3 期。

李里峰：《何谓"新革命史"：学术回顾与概念分疏》，《中共党史研究》2019 年第 11 期。

林志成等：《深入推进大别山革命历史和大别山精神研究》，《解放军报》2020—10—19。

夏慧等：《习近平总书记关于大别山精神的重要论述研究》，《黄冈师范学院学报》2021 年第 1 期。

后　记

　　我于2010年秋开始攻读博士学位,读的是经济-社会史方向,彼时新革命史研究浪潮正方兴未艾,眼光向下、微观视野、注重细节等正成为革命史研究新的取向路径,几经反复最终将苏区军事史作为研究方向,并试图融会社会史、政治史、军事史研究方法,从苏区红军、游击队、赤卫队三结合的军事化结构来解析军事与社会、武力与民众间的冲突与相融,着力回答近代中国军事社会中一个难解之题,即中国共产党是如何实现全民皆兵以御侮自强的同时使恣意的武力得到有效控制,从而能够在一次次遭遇挫折又能迅速组建武力再度崛起直到革命胜利。

　　十年前的冬天,我用了将近三年多的时间完成了博士论文的写作,匿名评审专家全优的评价结果和答辩老师的肯定给予了我很大的鼓励,产生了把这一研究思路和方法往后延伸的想法,对南方三年游击战争和抗日战争时期中共武装力量的组织形态进行考察。机缘巧合的是,2014年博士刚毕业,所在单位交待了一项教学任务,到全国著名的将军县湖北红安给新入伍的军校学员开展革命传统教育,我和教学组的同事一道走遍湖北红安、河南新县等大别山区的革命场馆、红色故居、战斗遗址,在反复勘察后确定了10个现地教学点。在随后备课过程中,我查阅了大量的档案资料,对大别山区28年红旗不倒的革命历史有了更深的理解,并确定把鄂豫皖边三年游击战争作为接下来的研究方向,这其中一个很重要的原因是在南方三年游击战争中,鄂豫皖边是唯一始终保持军级建制红28军的游击区,并保持了多支游击队武装,同时又广泛发展了群众性革命武装便衣队,这为研究在与党中央完全脱离联系的情况下,地方党组织如何自组织地发展革命武装力量提供了一个极好的样本。2015年,我以鄂豫皖边三年游击战争研究为题申报了国家社科基金并得以立项,自此开始了对这一段历史的关注。

四年前的冬天,我完成了本书的写作。当时结题有了最后期限,在三个多月的时间里,几乎没有出过校园,也谢绝了所有应酬,除了正常教学外,所有时间都用来写作,终于在2020年1月中旬拿出初稿,那时武汉的疫情已经很严重,由于一直沉浸于写作之中,身在风暴眼中竟一点儿也未感知到,以至于后来武汉封城,我还感到非常突然和错愕,更未想到疫情竟持续了三年,时至今日还庆幸当时能够心无旁骛一鼓作气完成了本书的写作。

本书在写作与出版过程中,军事科学院熊杏林、陈传刚研究员,国防大学古琳晖教授,海军工程大学龚耘、陈占友教授等诸多师友给予很多帮助、指点和鼓励,我所在的单位党史军史课程组的同事们帮我承担了大量资料收集和教学工作,人民出版社的张立老师负责的态度让本书增色不少并顺利得以出版,在此一并表示衷心感谢。同时,由于资料和学识所限,本书必定存在一些不成熟的观点和错漏之处,恳请专家和读者批评指正。

龙心刚

2024年元旦于武汉

责任编辑:张　立
封面设计:胡欣欣
责任校对:秦　婵

图书在版编目(CIP)数据

鄂豫皖边三年游击战争研究/龙心刚 著. —北京:人民出版社,2024.2
　(2024.8 重印)
ISBN 978－7－01－026297－0

Ⅰ.①鄂…　Ⅱ.①龙…　Ⅲ.①三年游击战争(1934-1937)-战争史-研究-
　湖北、河南、安徽　Ⅳ.①E297.23

中国国家版本馆 CIP 数据核字(2024)第 015530 号

鄂豫皖边三年游击战争研究

E YU WAN BIAN SANNIAN YOUJI ZHANZHENG YANJIU

龙心刚　著

人民出版社 出版发行
(100706　北京市东城区隆福寺街 99 号)

北京中科印刷有限公司印刷　新华书店经销

2024 年 2 月第 1 版　2024 年 8 月北京第 2 次印刷
开本:710 毫米×1000 毫米 1/16　印张:12
字数:180 千字

ISBN 978－7－01－026297－0　定价:68.00 元

邮购地址 100706　北京市东城区隆福寺街 99 号
人民东方图书销售中心　电话 (010)65250042　65289539